孫子を超えた

〝老子〟の兵法

戦略・戦術はもういらない

武道家が解く！
セルフコントロール、対人関係の極意書

湯川進太郎
筑波大学准教授・武道家

BAB JAPAN

〝老子〟の兵法

はじめに

『老子』とは、今から約二千四百年前の中国（春秋時代）にいた「老子」という思想家が記したと伝えられる書物のことを指しています。作者とされる「老子」の名を冠してそのまま『老子』とすることもあれば、『道徳経』あるいは『老子道徳経』とも呼ばれています。老子を祀《まつ》る道教では『道徳真経』ともされます。上篇（道経）と下編（徳経）で合わせて八十一章からなる五千字余りのごく短い書ですが、これが後々、有名な「老荘思想」（道家思想）となっていきます。

老子という人物は謎に包まれていて、実在したかどうかも本当のところは定かではありません。なにせ二千四百年前の人のことですから多分に伝説的であり、齢《よわい》は数百歳だっただとか、ブッダや孔子に教えを授けただとか、いろいろなエピソードが残っています。

ただ、いずれにしても、その書物は何千年も読み継がれ、二千年代の現代にまで至っているということは、どの時代の読者もそこに書かれていることに何かしら心を動かされてきたということでしょう。それほど、この書にはインパクトがあります。それは、私たち人間という古代から変わらぬ性《さが》あるいは業《ごう》に縛られた存在が、時代を超えて受けるインパクトです。日々世界は変化流転するけれども、人というのものは結局、大昔からその本質は全然変わっていないのです。ですから、本書を手に取った読者のみなさんの中で、初めて『老子』に触れるという方は、おそらくその教えに同じようなインパクトを受けるはずです。

本書は、『老子』(『道徳経』『老子道徳経』『道徳真経』)の解説本ではありません。『老子』そのものの解説は東洋思想・中国哲学の専門家の方にお譲りするとして、ここでは、心理学者であり空手家である著者が『老子』を読んで思ったこと、感じたこと、インスパイアされたことを、短く書き綴《つづ》ったコラム(短評)としてまとめました。各章ごとに二百字前後でコンパクトにまとめていますので、各章いずれもすぐに読めますし、どの章から読んでいただいてもかまいません。

著者の専門は心理学ですが、その中でも最近は「マインドフルネス」というテーマを研究・実践しています。マインドフルネスという概念の定義はコラム本文にも出てきますので、ここでは詳しく述べませんが、仏教由来の概念であり、もちろん禅に通じています。マサチューセッツ大学のジョン・カバット＝ジンがヨーガや禅を基にして考案したマインドフルネスストレス低減法（MBSR）が、幅広い臨床的効果を発揮し、数多くの科学的検証による支持を受け、今ではその心理学的なマインドフルネス瞑想が世界的に広く知られるようになりました。我が国では、曹洞宗の只管打坐《しかんたざ》の坐禅（道元禅）がこれに最も近いと言えるでしょう。このマインドフルネスや禅の観点から『老子』を読む、というのが本書の第一のポイントです。

第二のポイントは武術です。マインドフルネスは武術稽古そのものであることを書いたのが、拙著『空手と禅』と『空手と太極拳でマインドフルネス』（いずれもBABジャパン）と『実践武術瞑想』（誠信書房）です。マインドフルネスや禅と武術・武道の関係についてはこれらを参照していただくとして、本書では、『老子』の中心概念である「タオ（道：宇宙の根元となる真理）」や「無為自然」の思想とマインドフルネスや禅との相似から、武術稽古の意味や武道家としての在り方を説いています。

ちなみに、禅思想と道家思想（老荘思想）が似ているのは、何も偶然の一致などではありません。なぜなら、六世紀の初め頃にインドから中国へと菩提達磨（ボーディダルマ）がもたらしたとされる禅は、中国において道家思想の影響を色濃く受けながら発展したからです。別な言い方をすれば、インド発祥の仏教が中国化（道教化）したものが禅だとも捉えることができます。

本書の構成は、全八十一章の各章ごとに見開き頁で構成し、右頁に『老子』の章番号及び本書オリジナルの見出し文とイラストを、左頁に書き下し文と著者のコラムを配置しました。『老子』そのものの解説本ではないので、漢字だけが並んだ原文は思い切って省略しました。

また、『老子』は古代より様々な研究者による注釈が出ていたり、近年では絹に書かれた「帛《はく》書《しょ》」（馬王堆《まおうたい》帛書）なども発掘されて研究が進んでいたりしますが、章立ては最も一般的に流通している魏の大弼《だいひつ》注（大弼本）に従いました。そして書き下し文については、蜂屋邦夫訳注『老子』（岩波文庫）、金谷治訳注『老子』（講談社学術文庫）、小川環樹訳注『老子』（中公文庫）を参考にして、拙いながら著者の解釈も加えつつ、最も一般的だろうと思われる文に書き下しました。

これらに加えて、各章のニュアンスをもう少し幅広く感得するために、加島祥造による『「老子」新訳』（地湧社）とJonathan Starによる『Tao Te Ching』（Tarcher Cornerstone Editions）

も読みました。加島による詩のような訳や英語による翻訳は、各章の意味を汲み取らなければ成し得ないことなので、こうした詩や翻訳を読むことが理解の助けとなりました。

読者のみなさんには、まずは書き下し文にざっと目を通していただき、なんとなくでも構いませんので『老子』の世界を味わっていただければと思います。難しい言い回しや個々の漢字の意味はとりあえず無視していただいても全く問題ありません（もちろん、もっときちんと詳しく知りたいという読者の方には、上記の蜂屋、金谷、小川などの著書をお薦めします）。

その上で、著者のコラムをお読みいただければ幸いです。なお、書き下し文は飛ばして、コラムだけお読みいただいても、これもまた一向に問題ありません。

コラムは『老子』の各章に書いてあることをそのまま引き写したものではありませんので、一見、書き下し文とコラムが内容的に一致していないように思える場合があるかもしれません。しかし、よくよく読んでいただければ、著者がなぜそのようなことに思い至ったかが見えてくるかもしれません。さらにいえば、そのくらい自由に、読者のみなさんも、書き下し文やコラムから、思うこと、感じること、インスパイアされることをあれこれ考え巡らせていただければと思います。

ただ、最後に一点だけご注意いただきたいのは、コラムで説いていることはあくまで凡人である著者が思い描く武道家としての「理想像」であり、決して著者自身がこの境地に達しているという意味ではない、ということです。著者自身が、武術を稽古して武道家として亀のごとく歩む中、こうありたい、こうなりたい、こうしたいという思いを無制限に書き綴ったというのが実際です。ここに書いているような達人に完全になりきることは、業の深い人間として不可能であることは明らかです。しかし、こういう人物になりたいと思って、それを意識して日々生活を送ることが重要だと考えています。つまり、そうできるかできないかではなく、そうあろうとするかしないかだということです。そうあろうとすれば、その時点でその人はすでに達人です。

『老子』は、タオに従った「無為自然」の生き方や治世・兵法を説いた思想書です。実際に普段から武道をたしなんでいるかどうかに関わらず、本書を読んで、何か一つでも生活や人生の足しや気づきや閃きになればこの上ない幸せです。

それでは、老子とともに、マインドフルネスと武術と人生の旅に一緒に出かけましょう。

二〇一八年一二月　著者・湯川進太郎

※本書のコラム部分は、著者のブログ(http://mindful-karateka.blogspot.com/)に掲載した記事を再編集したものです。

“老子”の兵法

目次
CONTENTS

下篇 徳経

〝老子〟の兵法

上篇…（道経）

老子　第一章

武道とは要するに、タオ（宇宙の根元となる真理）を知るためのものだった！

道の道とすべきは、常《つね》の道に非《あら》ず。名の名とすべきは、常の名に非ず。名無きは天地の始めにして、名有るは万物の母なり。故《ゆえ》に常に欲無くして以《もっ》て其《そ》の妙《みょう》を観《み》、常に欲有りて以てその徼《きょう》を観る。この両者は同じきより出《い》でて而《しか》も名を異《こと》にす。同じきは之《これ》を玄《げん》と謂《い》い、玄の又《ま》た玄は衆妙の門なり。

マインドフルネスとは、「今、この瞬間の体験に意図的に意識を向け、評価をせずに、とらわれのない状態で、ただ観ること」（注）である。何ものからもとらわれず、解き放たれ、何かを為そうとせず、ただ自然なままに、静かな洞察の中に在り続ける。そうすることで、言葉では言い表せない「玄」を感得できる。武の修行は動く禅、すなわちマインドフルネス瞑想である。したがって武道とは、「玄」なるタオを感得する在り方そのものといえる。

（注）……日本マインドフルネス学会による定義。

老子 第二章

人間が頭で考えて設定する、我の強さを競うランク付けから抜け出そう！

天下皆《みな》美の美為《た》るを知るも、斯《こ》れ悪なるのみ。皆善の善為《た》るを知るも、斯れ不善なるのみ。故《ゆえ》に有と無と相《あ》い生じ、難《なん》と易《い》と相い成り、長と短と相い形《あら》われ、高《こう》と下《げ》と相い傾《かたむ》き、音《おん》と声《せい》と相い和し、前《ぜん》と後《ご》と相い随《したが》う。是《ここ》を以《もっ》て聖人は、無為《むい》の事《こと》に処《お》り、不言《ふげん》の教えを行なう。万物は作《おこ》りて辞《じ》せず、生じて有せず、為《な》して恃《たの》まず、功《こう》成りて居《お》らず。夫《そ》れ唯《た》だ居らず、是《ここ》を以て去らず。

この世のあらゆる評価はすべて相対的なものである。したがって何らかの価値判断は、すべて相対的な評価軸に基づいてなされる。禅あるいはマインドフルネスとは、人間が言葉で名づけた価値の序列から抜け出すことである。武道とは、武術を通したマインドフルネス瞑想、すなわち禅である。武道が禅であるためには、人間の考えた狭い評価軸を超えたところに辿り着くことが求められる。そこは紛れもなくタオである。つまり、武道とはタオへの道でもある。

老子 第三章

「骨と肉」で〝今ここ〟を体感すれば、いつでも安心できる！

賢《けん》を尚《たっと》ばざれば、民《たみ》をして争わざらしむ。得難《えがた》きの貨《か》を貴《たっと》ばざれば、民をして盗みを為《な》さざらしむ。欲すべきを見《しめ》さざれば、民の心をして乱れざらしむ。是《ここ》を以《もっ》て聖人の治《ち》は、其《そ》の心を虚《むな》しくして其の腹を実《み》たし、其の志を弱くして其の骨を強くす。常に民をして無知無欲ならしめ、夫《か》の知者をして敢《あ》えて為さざらしむ。無為《むい》を為せば、則《すなわ》ち治まらざること無し。

武道とは、過去や未来にとらわれず、今ここにあろうとする禅的修行である。徹底的にこの瞬間にあることだけが求められる武の身体操法（術）を通じて、「骨と肉」でもって「今ここにある」ということを体感するアプローチである。それは、あらゆる価値から解き放たれた、何ものにもとらわれない自由自在な状態である。必然的にそこには、絶対的な安らぎがある。武道の達人とは、つまり、あらゆるすべてから自由な、安らいでいる人である。

老子 第四章

世界の一部である私だから、個人を超えて世界に溶け込める！

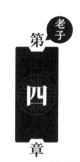

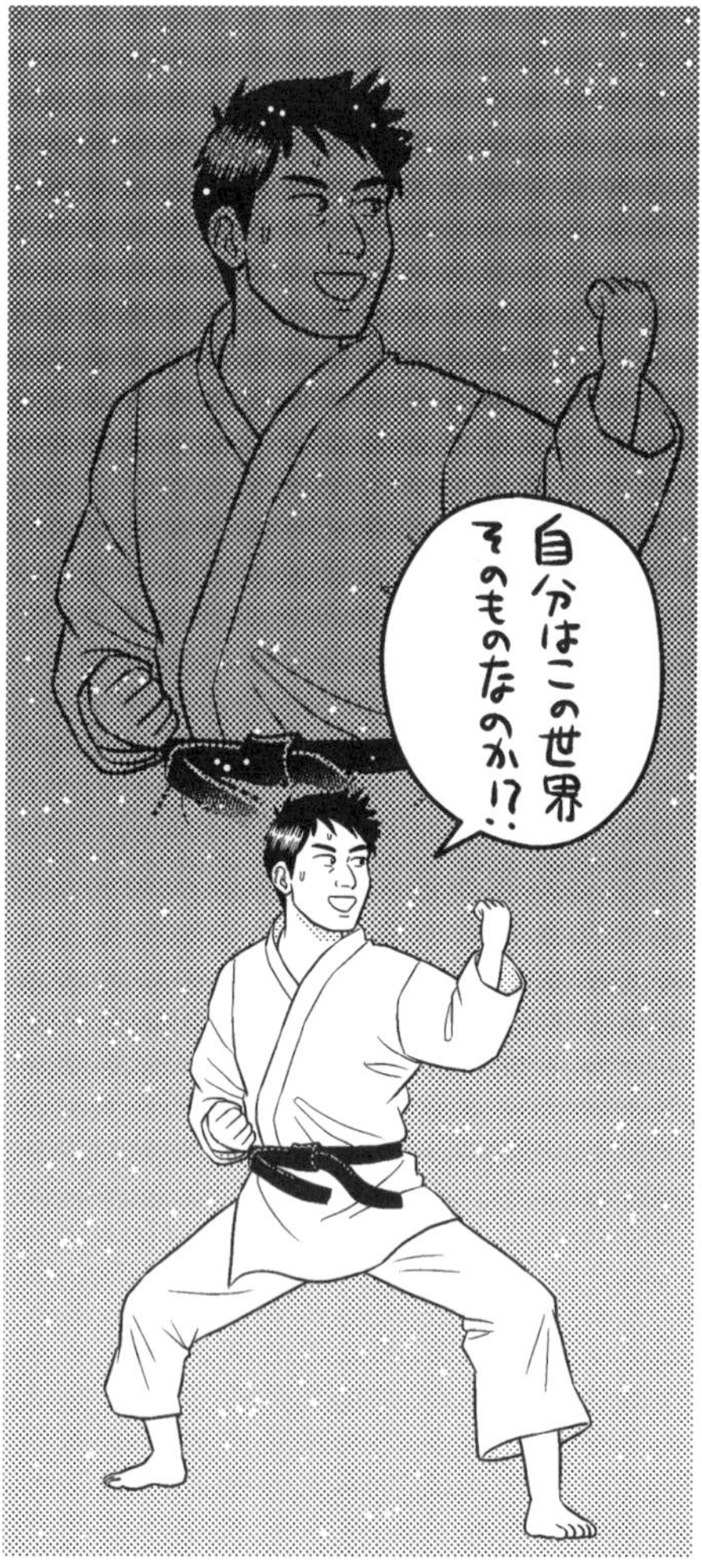
自分はこの世界そのものなのか!?

道は沖《ちゅう》にして、之《これ》を用うるに或《ある》いは盈《み》たず。淵《えん》として万物の宗《そう》に似たり。其《そ》の鋭《えい》を挫《くじ》き、其の紛《ふん》を解き、其の光を和《やわ》らげ、其の塵《ちり》に同ず。湛《たん》として或《ある》いは存するに似たり。吾《わ》れ誰《たれ》の子なるかを知らず、帝《てい》の先《せん》に象《に》たり。

武道とは融和の道である。禅である武の稽古を続けることで、やがて法（ダルマ）を感得する。ダルマとはタオである。世界の大いなる流れ（ダルマもしくはタオ）を感じ、その流れに身を委ね、世界と一体になる。世界の一部である「私」は、世界の一部である「他」と衝突することなく融和する。そうして個を超えてタオに溶け込むということは、優しく柔らかくしなやかになるということである。それは大いなるタオの力を得ることである。

老子 第五章

達人は余計なことを言わず、ひたすら日々の諸事に落ち着いて取り組む

天地は仁《じん》ならず、万物を以て芻狗《すうく》と為《な》す。聖人は仁ならず、百姓《ひゃくせい》を以て芻狗と為《な》す。天地の間は、其《そ》れ猶《な》お橐籥《たくやく》のごときか。虚しくして屈《つ》きず、動きて愈《いよ》いよ出《い》ず。多言は数《しば》しば窮《きゅう》す、中《ちゅう》を守るに如《し》かず。

武術の稽古を通してひとたび呼吸と身体へのアウェアネスを高める修行を積むことで、やがてマインドフルネスへと至る。マインドフルな状態とは、あらゆる価値判断から離れること、利害や思惑にとらわれないことである。そうやって日頃から、今ここでやるべきことにただひたすら柔らかく集中する。それはやがて、豊かなものを生み出すことになる。一見まるで物言わぬ愚者《ぐしゃ》のようであるが、本当の武人、すなわち禅の人とは、そういう人である。

老子 第六章

余計なこだわりを捨て、物事に執着しなければ、強く豊かに生きられる！

谷神《こくしん》は死せず、是《こ》れを玄牝《げんぴん》と謂《い》う。玄牝の門、是れを天地の根と謂う。綿綿として存《そん》するが若《ごと》く、之《これ》を用いて勤《つ》きず。

武術の術たる所以《ゆえん》は、最小のコストで最大のベネフィットを生むことである。それは例えば、呼吸とともに全身のエナジーの流れを最大効率化して相手を捌《さば》くことといえる。あらゆる無駄を省き、あらゆるとらわれから解放され、深淵かつ永遠なる天地に身を任せ、何ものにもこだわらない。そうして徹底的にこだわりを捨て切っていったところから、無限の強さと豊かさが湧き出てくる。これを目指すのが武術である。禅やタオに通じる人生もまた然《しか》りである。

老子 第七章

自我意識から離れると、穏やかに長生きできる。それが武道の真髄である

天は長く地は久し。天地の能《よ》く長く且《か》つ久しき所以《ゆえん》の者は、其《そ》の自《みずか》ら生ぜざるを以《もっ》て、故《ゆえ》に能く長生《ちょうせい》す。是《ここ》を以て聖人は、其の身を後にして而《しか》も身は先んじ、其の身を外にして而も身は存す。
其の無私なるを以てに非《あら》ずや、故に能く其の私を成す。

争って勝つことにこだわらない。そもそも争うことをしない。それが本当の武道家である。その風情はまるで天か地のごとく穏やかで広く深い。争わないということは、我を張らない、つまり、我執を捨てるということである。そうして価値や評価から離れることで心穏やかになる。心穏やかになれば必然的に身体も穏やかになる。そうすれば必然、長生きすることになる。武を習うとは、こうして心身を穏やかにする営みである。

老子 第八章

水のようになれば、柔らかくぶつからず、その場に良い流れを生み出せる！

上善《じょうぜん》は水の若《ごと》し。水は善《よ》く万物を利して而《しか》も争わず、衆人《しゅうじん》の悪《にく》む所に処《お》る、故《ゆえ》に道に幾《ちか》し。居《きょ》は地を善しとし、心は淵《ふち》を善しとし、与は仁《まじわり》を善しとし、言は信を善しとし、正は治《ち》を善しとし、事《こと》は能《のう》を善しとし、動は時を善しとす。夫《そ》れ唯《た》だ争わず、故に尤《とが》無し。

道家思想の象徴である水はまた、禅の極意であり、武術の極意でもある。水のごとく、自由自在に、柔らかくしなやかに動き、そして生きる。それが禅の人である武道家の生き方である。日々の稽古で人を制する力と技を練りつつも、決して人と争うことはない。その生き方ができるのは、武道家としての自分の存在をマインドフルに観察できているからである。水のごとく、状況に応じて自在に形を変え、世界と生命にエナジーを与える。それが武道家である。

老子 第九章

「練習でも何でも、ついつい やりすぎてしまわないことを 意識しよう！

持《じ》して之《これ》を盈《み》たすは、其《そ》の已《や》むるに如《し》かず。揣《きた》えて之を鋭くするは、長く保つべからず。金玉《きんぎょく》の堂に満つるは、之を能《よ》く守る莫《な》し。富貴《ふうき》にして驕《おご》れば、自《みずか》ら其の咎《とが》を遺《のこ》す。功遂《と》げて身退《しりぞ》くは、天の道なり。

何事も過剰はよくない。人間は過去を反すうし未来を心配する動物だからこそ、こうして高度な文明を築くことができた。しかし、反すうしすぎや心配しすぎはよくない。それがストレスの元になる。力や富を際限なく欲するのは人間の性《さが》だが、求めすぎるのはよくない。欲は苦しみや災いの元である。武術の稽古でさえも、やりすぎはよくない。人間のこうした自動性に気づくこと、気づいた上で意図的に選択すること。それが仏教的な意味での自由である。

老子 第十章

強くなるほどに柔和な人間になっているなら、極意へと向かっている

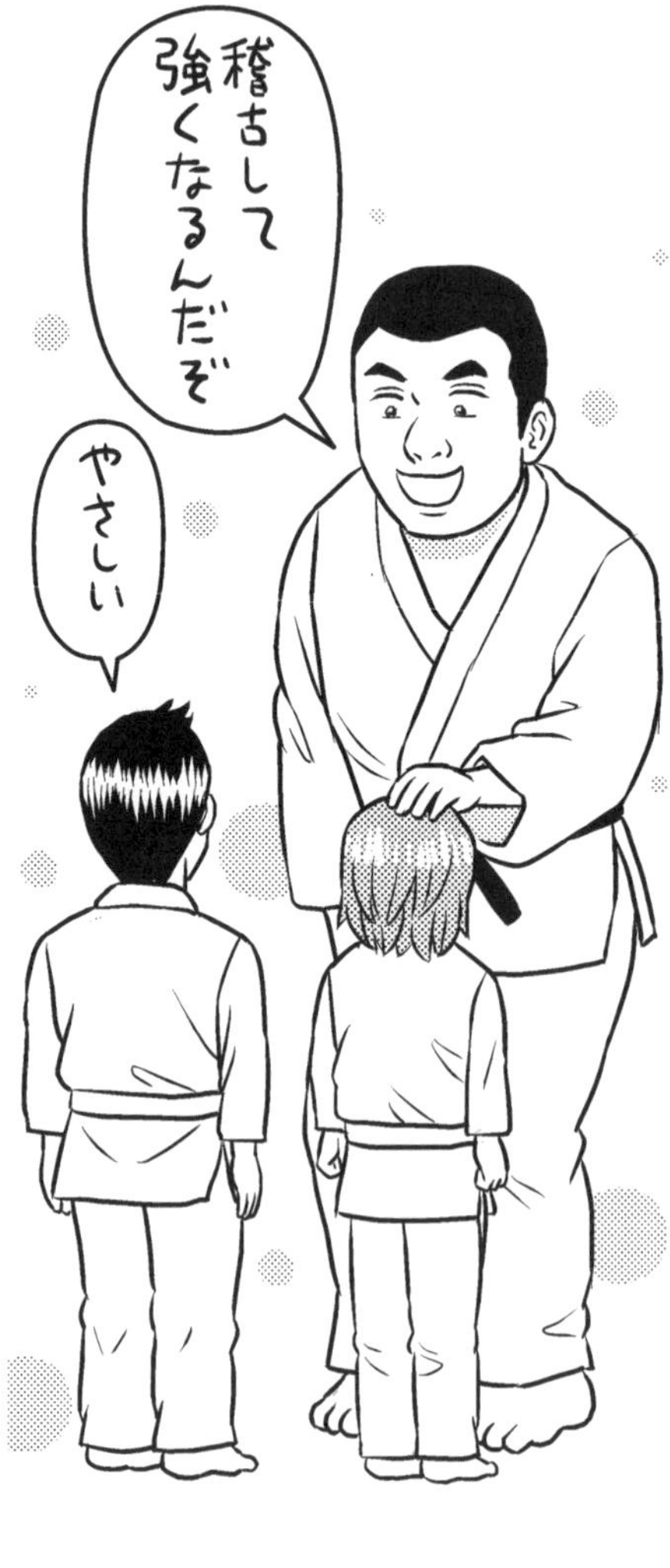

営魄《えいはく》を載せ抱一《ほういつ》させ、能《よ》く離すこと無からんか。気を専《もっぱ》らにし柔《じゅう》を致して、能く嬰児《えいじ》たらんか。玄覧《げんらん》を滌除《てきじょ》して、能く疵《し》無からんか。民《たみ》を愛し国を治めて、能く知を以てすること無からんか。天門開闔《かいこう》して、能く雌《し》たらんか。明白四達《したつ》して、能く為《い》を以てすること無からんか。之《これ》を生じ之を畜《やしな》い、生じて而《しか》も有せず、為《な》して而も恃《たの》まず、長じて而も宰《さい》せず。是《こ》れを玄徳《げんとく》と謂《い》う。

武の力とは、他者を物理的に制御し制圧する力である。この術を身につけるとき、一歩間違えれば、我々は他者に対して威圧的になり、支配的になり、暴力的になる。だからこそわきまえて稽古し、振る舞うのが本当の武人である。そこにはじめて幽玄な力が備わる。本当の武人は、優しく柔らかい。稽古をすればするほど優しく柔らかくなる。禅者として心身一如にあることが、奥深い力を備えたタオの人になる道でもある。

老子 第十一章

武術の技自体はどうであれ、生活レベルで活かせるものが本質である

三十の輻《ふく》、一つの轂《こく》を共《とも》にす。其《そ》の無に当たりて、車の用《よう》有り。埴《つち》を埏《こ》ねて以《もっ》て器《うつわ》を為《つく》る。其の無に当たりて、器の用有り。戸牖《こゆう》を鑿《うが》ちて以て室《しつ》を為る。其の無に当たりて、室の用有り。故《ゆえ》に有の以て利を為《な》すは、無の以て用を為《な》せばなり。

武術が武術として役に立つのは、何も護身だけではない。むしろそれは一見して分かりやすい表向きの使い道であり、武をたしなむ本来の目的ではない。それは身体術であるが故の効果効能であり、狭く形式的な見方である。本質は外側の形ではなく、その中身にある。武術という営みに宿る本質とはすなわち、呼吸と身体の観察を通した瞑想性であり、そこから派生する、禅やタオへと通じた生き方の構築である。そうして中身が活きてこその「武道」である。

老子 第十二章

新しい技術には安易に飛びつかず、根幹となる技を磨き抜こう！

五色《ごしき》は人の目をして盲《もう》ならしめ、五音《ごいん》は人の耳をして聾《ろう》ならしめ、五味は人の口をして爽《たが》わしめ、馳騁田猟《ちていでんりょう》は人の心をして狂《きょう》を発せしめ、得難《えがた》きの貨《か》は人の行いをして妨《さまた》げしむ。是《ここ》を以《もっ》て聖人は、腹の為《た》めにして目の為めにせず。故《ゆえ》に彼《か》れを去《す》てて此《こ》れを取る。

良いものは何でも取り入れたい。それは一見すばらしいことに思えるけれども、たとえ良いものでも、節操なく取り入れればやがて過剰となり混乱が生じる。むしろ質素簡素であることのほうが、味わい深くバランス良く世界と調和する。武術も同じである。良い術や良い技や良い形《かた》（型）を一つでも多く習得したいと、つい欲をかく。しかし、あれもこれもと習うよりも、シンプルに一つの術・技・形をただひたすらに練るほうが、より深く高く遠いところへ行ける。

老子 第十三章

達人は自分だけの軸を持っているから、いつでもブレない悩まない

寵辱《ちょうじょく》に驚くが若《ごと》くし、大患《たいかん》を貴《たっと》ぶこと身の若くす。何をか寵辱に驚くが若くすと謂《い》う。寵を下《げ》と為《な》す。之《これ》を得て驚くが若くし、之を失いて驚くが若くす。是《こ》れを寵辱に驚くが若くすと謂う。何をか大患を貴ぶこと身の若くすと謂う。吾《わ》れに大患有る所以《ゆえん》の者は、吾れに身有るが為《た》めなり。吾れに身無きに及びて、吾れに何の患《うれ》い有らん。故に、貴ぶに身を以てして天下の為《ため》にせば、若《すなわ》ち天下を托《たく》すべし。愛《いと》おしむに身を以てして天下の為にせば、若ち天下を寄《よ》すべし。

武道とは、あらゆる評価や価値を超えるための修練システムである。武術を通した禅すなわちマインドフルネス瞑想を「武道」と呼ぶが、マインドフルにあるとは、価値判断しない態度のことを指す。したがって武道家とは、評価や価値から離れた本当の自分、今ここにただある自分を練る人といえる。それこそが「道」の人、まさに「タオ」の人である。タオの人は、社会からの評価や社会における価値とは無縁である。本物の武道家は、だからブレない。

老子 第十四章

技の本質は目で見ても分からないから、全身くまなく使って考え抜く！

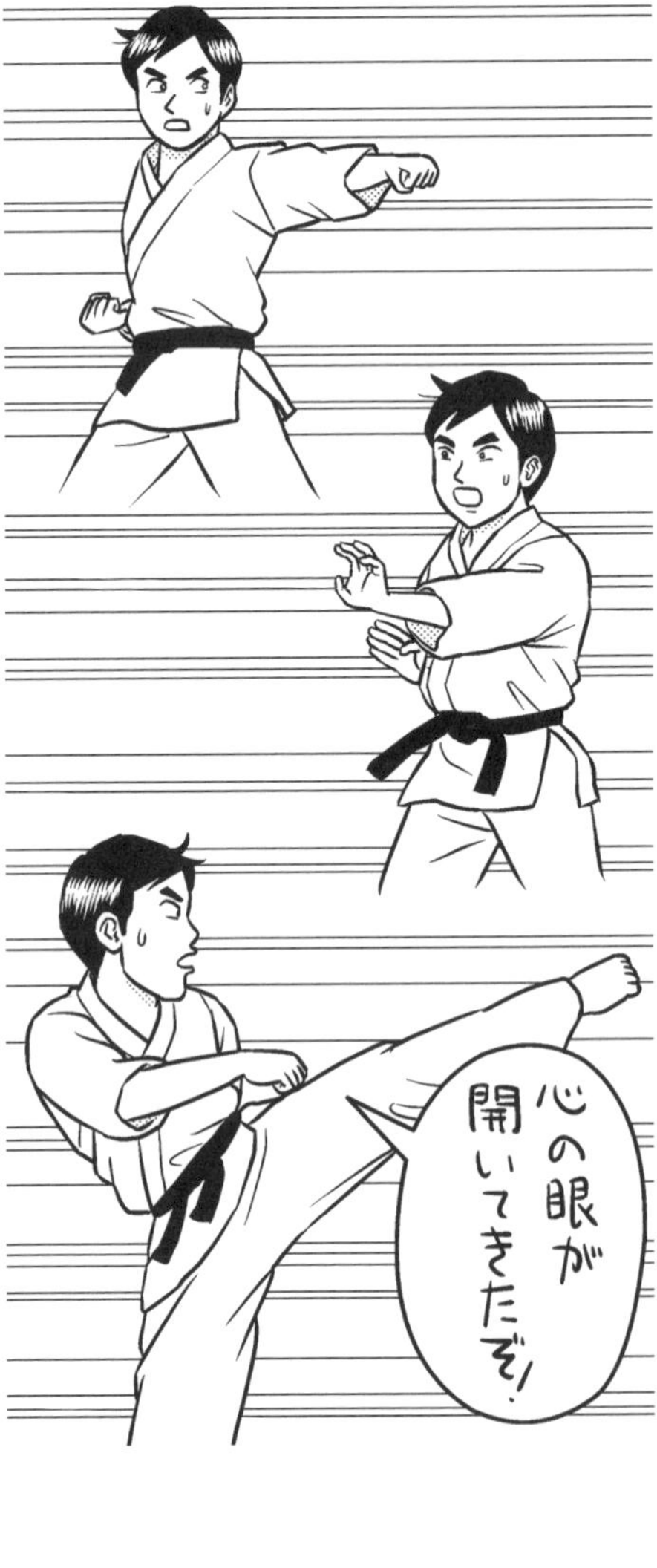

之《これ》を視《み》れども見えず、名づけて夷《い》と曰《い》う。之を聴けども聞こえず、名づけて希《き》と曰う。之を搏《とら》うるも得ず、名づけて微《び》と曰う。此《こ》の三者は致詰《ちきつ》すべからず、故《ゆえ》に混《こん》じて一《いつ》と為《な》す。其《そ》の上は皦《あきら》かならず、其の下は昧《くら》からず。縄縄《じょうじょう》として名づくべからず、無物《むぶつ》に復帰す。是《こ》れを無状の状、無物の象《しょう》と謂《い》い、是れを恍惚《こうこつ》と謂う。之を迎うれども其の首《こうべ》を見ず、之に随《したが》えども其の後《しりえ》を見ず。古《いにしえ》の道を執《と》りて、以《もっ》て今の有を御《ぎょ》せば、能《よ》く古始《こし》を知る。是れを道紀《どうき》と謂う。

武術には通常、形《かた》(型)がある。形とは、その術を習う方向性を示す指針あるいは手がかりであり、バイブルあるいは経典である。古《いにしえ》より伝わる形の意味を考え、解釈し、研究するのが東洋伝統の武術稽古である。しかし、目に見える形そのものだけに縛られてはいけない。仏教における「指月の喩《たとえ》」のごとく、形は指し示す指《ゆび》すなわち経典であり、本当に見るべきは指の示す先である。それはその流派の武術的核心であり、究極的にはタオである。

老子 第十五章

鋭い観察と落ち着いた対応で、いとも軽やかに成功を得られる！

古《いにしえ》の善《よ》く士為《た》る者は、微妙にして玄通《げんつう》し、深きこと識《し》るべからず。夫《そ》れ唯《た》だ識るべからず、故《ゆえ》に強《し》いて之《これ》が容《よう》を為《な》さん。予《よ》として冬に川を渉《わた》るが若《ごと》く、猶《ゆう》として四隣《しりん》を畏《おそ》るるが若く、儼《げん》として其れ客《かく》の若く、渙《かん》として其れ釈《と》けるが若く、敦《とん》として其れ樸《ぼく》の若く、曠《こう》として其れ谷の若く、混として其れ濁《にご》れるが若し。孰《たれ》か能《よ》く濁りて以《もっ》て之を静め、徐《おもむろ》に清《すま》さんや。孰《たれ》か能く安らかにして以て之を動かし、徐に生ぜんや。此《こ》の道を保つ者は、盈《み》つるを欲せず。夫れ唯だ盈たず、故《ゆえ》に能く蔽《やぶ》れば新たに成る。

タオの人は、慎重で注意深いけれども、一方で、柔らかく穏やかである。禅の人もまた、感覚を鋭敏にして観察しつつ、ふわりと全体を落ち着いて眺める。武術の極意は、慎重で鋭敏な意識（観察力）と、柔らかく落ち着いた態度（対応力）にある。構えているようで構えていない。機を見て素早く的確に動く。無駄な動きや華美な動きや無理な動きはしない。だから武道家は、しなやかに滑らかに、逆らわず自然に、いつの間にか事を成している。

老子 第十六章

武術は切迫した場面での動きだからこそ、その時の静かな心を養える

虚《きょ》を致《いた》すこと極まり、静《せい》を守ること篤《あつ》し。万物は並《なら》び作《おこ》り、吾《わ》れ以《もっ》て其《そ》の復《かえ》るを観《み》る。夫《そ》れ物の芸芸《うんうん》たる、各其《おのおの》の根《こん》に復帰す。根に帰るを静と曰《い》い、是《こ》れを命《めい》に復ると謂《い》う。命に復るを常《じょう》と曰い、常を知るを明《めい》と曰う。常を知らざれば、忘作《ぼうさ》して凶なり。常を知れば容《よう》なり、容ならば乃《すなわ》ち公《こう》なり、公ならば乃ち王なり、王ならば乃ち天なり、天ならば乃ち道なり、道ならば乃ち久し。身を没《ぼっ》するまで殆《あや》うからず。

武術稽古とは、動を通して静を得ることである。静とはすなわち虚（空っぽ）の心であり、それはタオであり禅である。身法として静かな観察力で敵と状況を捉え捌《さば》くとともに、心法として静かな観察力で自身と世界を把握し対処する。動中の静とはこのことであり、それはすなわちマインドフルに在ることである。それはまた最も自然に在る状態であり、天地の流れに従っている。武術を通して静を感得し練り続ける者こそを、武道家という。

老子 第十七章

達人はいつも自由で自然だから、周りにいる人まで安心してしまう

太上《たいじょう》は、下《しも》、之《これ》有るを知るのみ。其《そ》の次は之を親しみて誉《ほ》む。其の次は之を畏《おそ》る。其の次は之を侮《あなど》る。信《しん》足らざれば、焉《すなわ》ち信ぜられざること有り。悠《ゆう》として其れ言を貴《たっと》べば、功を成し事《こと》を遂《と》げて、百姓《ひゃくせい》は皆《みな》、我《わ》れ自《おの》ずから然《しか》りと謂《い》う。

武道家であれば、評価を求めたり、功績を誇示したりしない。社会的な価値で自己を測ろうとすれば、自ずと欲が生まれる。価値や評価や欲に縛られた次元から抜け出し、超えていくことが禅でありマインドフルネスである。それはまた、タオに従うことでもある。評価や功績に縛られない自由で自然な存在になることが、武道家の目指すところである。そうして空気のようにただ在れば、周りは安心して暮らし、安心して仕事ができる。

老子 第十八章

ただ必要なことを必要なだけやる。それだけですべてうまくいく！

大道《だいどう》廃《すた》れて、仁義有り。智慧出でて、大偽《たいぎ》有り。六親《りくしん》和せずして、孝慈《こうじ》有り。国家昏乱《こんらん》して、忠臣《ちゅうしん》有り。

タオに従っていれば、強いて何かをしようとする必要がない。タオに従っていないから、何とかしなければならなくなる。マインドフルであれば、何にもとらわれないので、強いて何かをする必要はない。マインドフルでないと、何かに振り回されるから、何とかしようとする。武術とは、無理や無駄なく簡潔かつ自然に、必要なことを必要なだけして目的を達成する術である。武道家は、このタオに従った術である武術でもって、マインドフルネスを練る。

老子 第十九章

その正義感も策略も、自分の利益が目的になっていないだろうか？

聖《せい》を絶《た》ち智《ち》を棄《す》つれば、民《たみ》の利は百倍す。仁《じん》を絶ち義を棄つれば、民は孝慈《こうじ》に復《ふく》す。巧《こう》を絶ち利を棄つれば、盗賊《とうぞく》の有ること無し。此《こ》の三者は、以《もっ》て文《ぶん》と為《な》すに足らず、故《ゆえ》に属《ぞく》する所有《あ》らしめん。素《そ》を見《あら》わし樸《ぼく》を抱き、私《し》を少なくし欲を寡《すく》なくせよ。

無為自然にタオに従う。それは徹底的に欲を捨てていくことである。捨て切ったところに純粋な自分が残る。欲を持つからこそ苦があるのであり、欲を捨てれば苦もなくなる。考えすぎたり、正義感に縛られたり、策略を練ったりするのは、「私」の利にこだわっているからである。だからタオを練るとは、利己を支える社会的評価軸から離れていこうとするマインドフルネスを練ることに等しい。マインドフルネスを練る武道家は、だからタオの人である。

老子

第二十章

そもそも、お金をたくさん稼ぎ、積極的に人と接する必要はあるのか？

学《がく》を絶てば憂《うれ》い無し。唯《い》と阿《あ》と相《あ》い去ること幾何《いくばく》ぞ。善と悪と相い去ること何若《いかん》ぞ。人の畏《おそ》るる所は、畏れざるべからず。荒《こう》として其《そ》れ未《いま》だ央《つ》きざるかな。衆人《しゅうじん》は熙熙《きき》として、太牢《たいろう》を享《う》くるが如《ごと》く、春に台に登るが如し。我《わ》れ独り怕《はく》として、其れ未だ兆《きざ》さざること、嬰児《えいじ》の未だ孩《わら》わざるが如し。儽儽《るいるい》として、帰《き》する所無きが若《ごと》し。衆人は皆余《あま》り有り、而《しか》れども我れ独り遺《とぼ》しきが若し。我れは愚人《ぐじん》の心なるかな、沌沌《とんとん》たり。俗人は昭昭《しょうしょう》たり、我れ独り昏昏《こんこん》たり。俗人は察察《さつさつ》たり、我れ独り悶悶《もんもん》たり。澹《たん》として其れ海の若く、飂《りょう》として止まる無きが若し。衆人は皆以《もち》うる有り、而れども我れ独り頑《かたく》なにして鄙《ひ》に似たり。我れ独り人に異なり、而れども食母《しょくぼ》を貴《たっと》ぶ。

豪勢なものを食べ、高価なものを身につけ、たくさんの物を手に入れ、誰とでも明るく社交的に振る舞い、てきぱきと仕事をして、他人から高く評価される。人間社会でそれらはいずれも善である。しかし逆は必ずしも悪ではない。むしろ、物を求めたり、人に気を使ったり、評価にこだわったりしないほうが、それだけ苦しみも減る。マインドフルに何にもとらわれず、タオとつながってただありのままに在る。武道家は、武術稽古を通して、そこに至ろうとする。

老子 第二十二章

目に見えるものをヒントにして、大切な見えないものをつかもう！

孔徳《こうとく》の容《よう》、唯《た》だ道に是《こ》れ従う。道の物《もの》為《た》る、唯だ恍《こう》唯だ惚《こつ》。惚たり恍たり、其《そ》の中に象《しょう》有り。恍たり惚たり、其の中に物有り。窈《よう》たり冥《めい》たり、其の中に精《せい》有り。其の精甚《はなは》だ真《しん》なり、其の中に信《しん》有り。今より古《いにしえ》に及ぶまで、其の名去らず、以て衆甫《しゅうほ》を閲《み》る。吾《わ》れ何を以《もっ》て衆甫の然《しか》るを知るや、此《こ》れを以てなり。

武術の流派はその形《かた》（型）によって規定される。形は誰の目にも見える形象である。形によって流派は技を後世に伝承する。しかしその形象のみを伝承しているのであれば、それは絵や文字や写真や映像による記録と変わらない。その奥底にある流派の精髄を伝承しなければ意味はない。形の稽古の中でその精髄を感じ取るには、内的な身体感覚を観察し続けるしかない。流派の名だたる先達は、その精髄に気づき、触れ、従ってきた人たちである。

老子 第二十二章

「本当に強くなれば、控えめだが人に慕われる人物になっていく」

曲がれば即《すなわ》ち全《まった》く、枉《かが》れば即ち直《なお》く、窪《くぼ》めば即ち盈《み》ち、弊《やぶ》るれば即ち新たに、少なければ即ち得《え》、多ければ即ち惑《まど》う。是《ここ》を以《もっ》て聖人は一《いつ》を抱きて天下の式《しき》と為《な》る。自《みずか》ら見《あら》わさず、故《ゆえ》に明らかなり。自ら是《ぜ》とせず、故に彰《あら》わる。自ら伐《ほこ》らず、故に功《こう》有り。自ら矜《ほこ》らず、故に長《ひさ》し。夫《そ》れ唯《た》だ争わず、故に天下能《よ》く之《これ》と争う莫《な》し。古《いにしえ》の所謂《いわゆる》曲がれば即ち全しとは、豈《あ》に虚言《きょげん》ならんや。誠《まこと》に全くして之を帰《かえ》す。

武術家の中には、強くなればなるほどますます弱くなる人がいる。その人こそ武道家であり、禅あるいはタオとともにある。その人は、目立たず、出しゃばらず、主張せず、威張らず、人を見下さない。しかし決して卑屈でも自虐的でもない。無為自然に、ただそこにいる。だからこそ、尊敬され、慕われ、一目置かれる。無と有は一体であり、無から有が生まれ、有はやがて無に帰する。武道家であれば、稽古をすればするほど無に近づいていく。

老子 第二十三章

「暴風雨も強敵も自然の一部だから、逆らわずその流れに合わせよう!

希言《きげん》は自然なり。故《ゆえ》に飄風《ひょうふう》も朝《あした》を終えず、驟雨《しゅうう》も日を終えず。孰《たれ》か此《こ》れを為《な》す者ぞ、天地なり。天地すら尚《な》お久しくする能《あた》わず、而《しか》るを況《いわ》んや人に於《おい》てをや。故に事《こと》に従いて而《しか》して道なる者は道に同《どう》じ、徳なる者は徳に同じ、失なる者は失に同ず。道に同ずる者は、道も亦《ま》た之《これ》を得《え》、徳に同ずる者は、徳も亦た之を得、失に同ずる者は、失も亦た之を得る。信《しん》足らざれば、信ぜられざること有り。

強風も暴風雨もやがて去るように、自然は常に変化している。そこに人為の力は一切及ばない。そうしてすべてがタオに従っているとすれば、強引に何かを為そう、思い通りに変えようとしても、うまくいくことはない。むしろ、あるがままに観察しつつ、流れの中で流れに乗り、抗うことなくただ在り続ける。それはまさにマインドフルな在り方であり、武術の極意はそこにある。敵もまた自然の一部であり、その荒ぶる身も心もまた自然の一部である。

老子

第二十四章

試合や演武は、ついつい自分本位になってしまうので注意しよう

企《つまだ》つ者は立たず、跨《また》ぐ者は行かず。自《みずか》ら見《あら》わす者は明らかならず、自ら是《ぜ》とする者は彰《あら》われず。自ら伐《ほこ》る者は功無く、自ら矜《ほこ》る者は長《ひさ》しからず。其《そ》の道に在《あ》るや、余食贅行《よしょくぜいこう》と曰《い》う。物或《ものある》いは之《これ》を悪《にく》む。故《ゆえ》に有道者は処《お》らず。

華美に飾ろうとしたり、大げさに表現しようとしたりするのは、タオに反する。それらはすべて余計である。他者からの評価にこだわったり、優秀さや勝利を誇ったりするのは、タオに反する。それらはすべて無駄である。武術もまた、競技化するとどうしても華美になり評価にこだわるようになる。これはタオに反する。最小限の時間と力で敵を制する武術は本来、地味で素朴である。そして禅を知る術者である本当の武道家は、強さを誇ることもない。

老子 第二十五章

無理に勝とうとしなければ、自然でいられるから、負けることはない

物《もの》有り混成《こんせい》し、天地に先《さき》んじて生ず。寂《せき》たり寥《りょう》たり、独立して改《あらた》まらず、周行《しゅうこう》して殆《やす》まず。以《もっ》て天下の母と為《な》すべし。吾《わ》れ其《そ》の名を知らず、之《これ》に字《あざな》して道と曰《い》い、強《し》いて之が名を為《な》して大《だい》と曰う。大なれば日《ここ》に逝《ゆ》き、逝けば日に遠く、遠ければ日に反《かえ》る。故《ゆえ》に道は大なり、天は大なり、地は大なり、王も亦《ま》た大なり。域中《いきちゅう》に四大《しだい》有り、而《しか》して王は其の一に居《お》る。人は地に法《のっと》り、地は天に法り、天は道に法り、道は自然に法る。

世界はタオに従っている。タオとは自然そのもののことであり、天も地も人もすべて自然に従っている。これに気づき、ありのままに在ろうとするのが、タオの人であり、禅の人でもある。武道家であれば、その身法も心法も、自然に逆らわず、ありのままに在ろうとする。無理に抗すれば勝つどころか負ける。だから勝たないようにしつつ負けないようにする。我々凡夫《ぼんぷ》（平凡な人）は、つい勝とう勝とうとする。武道家は、勝ち負けを越えて大いなる自然に従う。

老子

第二十六章

何があってもあせらず騒がず、いつでも心穏やかなら人望を集める

重きは軽きの根《こん》為《た》り、静かなるは躁《さわ》がしきの君《くん》為り。是《ここ》を以《もっ》て君子《くんし》は、終日《しゅうじつ》行《ゆ》きて輜重《しちょう》を離れず、栄観《えいかん》有りと雖《いえど》も、燕処《えんしょ》して超然たり。奈何《いかん》ぞ万乗《ばんじょう》の主《しゅ》にして、而《しか》も身を以て天下より軽しとせんや。軽ければ則《すなわ》ち本《もと》を失い、躁がしければ則ち君を失う。

落ち着きや静けさこそ、武道家の在り方である。武術家は、稽古を通して自身の呼吸と身体を観察する。その結果養われる集中力と観察力は、落ち着いた静かな心となる。これがマインドフルネスである。マインドフルネスを練る武術家を武道家という。武道家は軽々しく騒ぐことはない。常に心穏やかに八方に注意を向け観察する。本当に強い人は何事にも動ぜず、そこに静かにたたずむ。そうしてタオとつながっている人には、自ずと人が付いてくる。

老子 第二十七章

悪い人間や物事にも意味があって存在するから、あるがままに扱おう

うんうん
あいつらにもいる意味がある！

善《よ》く行く者は轍迹《てっせき》無く、善く言う者は瑕謫《かたく》無く、善く数《かぞ》うる者は籌策《ちゅうさく》を用いず。善く閉ざす者は関楗《かんけん》無くして而《しか》も開くべからず、善く結《むす》ぶ者は縄約《じょうやく》無くして而も解《と》くべからず。是《ここ》を以《もっ》て聖人は常に善く人を救う、故《ゆえ》に人を棄《す》つること無し。常に善く物を救う、故に物を棄つること無し。是《こ》れを襲明《しゅうめい》と謂《い》う。故に善人は不善人の師、不善人は善人の資《し》なり。其《そ》の師を貴《たっと》ばず、其の資を愛せざれば、智《ち》ありと雖《いえど》も大いに迷う。是れを要妙《ようみょう》と謂う。

タオの人は無駄がない。無駄に動かず、無駄に話さず、無駄に考えない。武道家もまた然《しか》りである。無駄に動けば、敵を効率よく捌《さば》けない。無駄に話せば、不要な争いを招く。無駄に考えれば、迷いや隙を作ることになる。無駄を捨てて、シンプルに在る。そこでは同時に、価値判断も捨てる。一見悪にも学ぶところ、意味するところがある。だから本当は無駄なものなど何もない。そうしてあるがままに扱うのが、タオの人であり、禅の人であり、武道家である。

老子 第二十八章

得することを追いかけるのが迷いだから、損することを喜ぼう！

其《そ》の雄《ゆう》を知りて、其の雌《し》を守れば、天下の谿《けい》と為《な》る。天下の谿と為れば、常徳《じょうとく》離れず、嬰児《えいじ》に復帰す。其の白《はく》を知りて、其の黒《こく》を守れば、天下の式《しき》と為る。天下の式と為れば、常徳忒《たが》わず、無極《むきょく》に復帰す。其の栄《えい》を知りて、其の辱《じょく》を守れば、天下の谷《こく》と為る。天下の谷と為れば、常徳乃《すなわ》ち足りて、樸《ぼく》に復帰す。樸は散ずれば則《すなわ》ち器《き》と為る。聖人は之《これ》を用いて、則ち官長《かんちょう》と為す。故に大制《たいせい》は割《さ》かず。

人間の世界には強弱や損得がある。その上で、自ら弱くある、自ら損をするのがタオの人である。そもそも強弱や損得というモノサシは、人間の生み出した相対的な価値である。強弱や損得の相対性に気づき、すべてを予断せず自然にマインドフルに受け入れる。強さや得を求めず、弱さや損を憂えない。「得は迷い、損は悟り」だと日本の禅僧・澤木興道《こうどう》老師が言う。だから、禅を積んだ武道家であればあるほど、弱くて損をする。

老子 第二十九章

無理しては理想をつかめないから、淡々と日々の行いをすれば良い

将《まさ》に天下を取らんと欲して之《これ》を為《な》せば、吾《わ》れ其《そ》の得《え》ざるを見るのみ。天下は神器《しんき》なり、為すべからざるなり。為す者は之を敗《やぶ》り、執《と》る者は之を失う。故《ゆえ》に物《もの》、或《ある》いは行き或いは随《したが》い、或いは歔《きょ》し或いは吹《ふ》き、或いは強く或いは羸《よわ》く、或いは培《やしな》い或いは隳《お》つ。是《ここ》を以て聖人は、甚《じん》を去り、奢《しゃ》を去り、泰《たい》を去る。

目標を持ち、それに向かって日々精進することは当然である。しかしその目標を強引に手に入れようとしたら、決して手に入れることはできない。そもそも、それを手に入れるに値する人間だと驕《おご》ってはいけない。自分を大きく見積もったり、大きく見せたりしてはいけない。作為なく驕らず謙虚に、ただひたすら精進し続ける。こうして無為自然にマインドフルに在れば、やがて目標は自ずと現実化する。タオと禅の人である武道家は、こうして日々精進を重ねる。

「限定された試合での勝ち負けを超えられたら、達人への第一歩となる

道を以《もっ》て人主《じんしゅ》を佑《たす》くる者は、兵を以て天下に強《し》いず。其《そ》の事《こと》、還《かえ》るを好む。師《し》の処《お》る処は、荊棘《けいきょく》生じ、大軍の後は、必ず凶年《きょうねん》有り。善者は果《な》すのみ、以て強いるを取らず。果して矜《ほこ》ること勿《な》く、果して伐《ほこ》ること勿く、果して驕《おご》ること勿く、果して已《や》むを得ずとす。是《こ》れを果して強いること勿しと謂《い》う。物は壮《さかん》なれば則《すなわ》ち老《お》ゆ、是れを不道《ふどう》と謂う。不道は早く已む。

タオの人は結果を誇らない。禅の人は結果にこだわらない。勝ち負けにこだわり、勝つことを強く求め、勝ってそれを誇る人は、タオの人でも禅の人でもない。だから、真に武道家であれば、仮に試合をして勝っても、強さを誇示することなど全く論外である。勝ちに喜び、負けに悔やむのはスポーツである。タオや禅の実践である武道とは、勝ち負けといった価値を超えたところに行く道である。結果にこだわり、結果を誇る人は、そこまでの人でしかない。

老子 第三十二章

他人を刺激しないために、武術の嗜《たしな》みは誇示しないようにしよう！

夫《そ》れ兵は不祥《ふしょう》の器《き》なり。物或《ものある》いは之《これ》を悪《にく》む、故《ゆえ》に有道者は処《お》らず。君子《くんし》居《お》れば則《すなわ》ち左を貴《たっと》び、兵を用うれば則ち右を貴ぶ。兵は不祥の器にして、君子の器に非《あら》ず。已《や》むを得ずして之を用うれば、恬淡《てんたん》なるを上《じょう》と為《な》す。勝ちて而《しか》も美とせず、而《も》し之を美とする者は、是《こ》れ人を殺すを楽しむなり。夫れ人を殺すを楽しむ者は、則ち以《もっ》て志を天下に得《う》べからず。吉事《きちじ》には左を尚《たっと》び、凶事《きょうじ》には右を尚ぶ。偏将軍《へんしょうぐん》は左に居《お》り、上将軍《じょうしょうぐん》は右に居る。喪礼《そうれい》を以て之を処るを言うなり。人を殺すことの衆《おお》ければ、悲哀《ひあい》を以て之を泣き、戦い勝てば、喪礼を以て之に処る。

武術は戦技である。したがって武術家は、素手であるけれども、その身体に武器を有しているといえる。だから、禅やタオに従う武道家であれば、衝突や葛藤を避け、極力その武器を用いないようにする。さらには、武器を有することを他者になるべく知られぬよう隠しておく。一方で、自ら武を誇示する輩《やから》は、まるで日中に街頭で刀や拳銃を振りかざしながら歩く痴《し》れ者のようである。武家や警察官でないのなら、それは害悪以外の何物でもない。

老子
第三十二章

もともとの自然界にはない、人間が作り出した名誉に惑わされない！

道は常に無名なり。樸《ぼく》は小なりと雖《いえど》も、天下に能《よ》く臣とするもの莫《な》きなり。侯王《こうおう》若《も》し能《よ》く之《これ》を守らば、万物は将《まさ》に自《おの》ずから賓《ひん》せんとす。天地は相《あ》い合《がっ》して以《もっ》て甘露《かんろ》を降《くだ》し、民《たみ》は之に令《れい》する莫くして而《しか》も自ずから均《ひと》し。始めて制して名有り。名も亦《ま》た既《すで》に有り、夫《そ》れ亦た将に止《とど》まるを知らんとす。止まるを知るは、殆《あや》うからざる所以《ゆえん》なり。道の天下に在《あ》るを譬《たと》うれば、猶《な》お川谷《せんこく》の江海《こうかい》に於《お》けるがごとし。

名誉や名声といった評価はすべて、人間が作り出したものである。もともとそんなものは自然にあるわけではない。しかし人間は自分たちの作り出した社会的な物差しで、人の良し悪しを決める。元を辿れば何もないのに。だからタオや禅を練る武道家であれば、ラベルづけされた作り物（つまり、名）に従うのではなく、素朴な自然に従う。名にこだわらず、ただ天地と調和する。それは、名が欲を生み、翻《ひるがえ》ってそれが苦を生むことを知っているからである。

老子 第三十三章

自分の中にある欲が分かれば、その欲と距離を置き、今を喜べる！

人を知る者は智《ち》なり、自《みずか》ら知る者は明《めい》なり。人に勝つ者は力有り、自ら勝つ者は強し。足《た》るを知る者は富《と》み、強《つと》めて行う者は志有り。其《そ》の所を失わざる者は久しく、死して而《しか》も亡《ほろ》びざる者は寿《いのちなが》し。

他人に勝つにはそれなりに努力が必要であり、その結果として勝てばそれなりに嬉しい。しかしその勝利とその喜びは表層的であり、本質的ではない。真に強い人は、自分の中にある無数の欲を知り、その上で今ある自分を肯定する。欲は苦をもたらす。だから欲から離れて、今すべきことに全力を尽くす。そうして今ここにあることをありがたく喜ぶ。その在り方はまさに禅であり、また、タオとも通じている。武道とは、そのように在ろうとする道である。

老子 第三十四章

自分の行いで何かが良くなったら それで良く、功績は主張しない

大道は汎《はん》として、其《そ》れ左右すべし。万物は之《これ》を恃《たの》み生じて而《しか》も辞《じ》せず。功成《こうな》りて而も有《ゆう》を名のらず。万物を衣養《いよう》して而も主《しゅ》と為《な》らず。常に無欲なれば、小と名づくべし。万物焉《ここ》に帰《き》して而も主と為らざれば、大と名づくべし。是《ここ》を以《もっ》て聖人の能《よ》く其の大を成すや、其の終《つい》に自《みずか》ら大と為らざるを以て、故《ゆえ》に能く其の大を成す。

禅者である武道家は、タオと通じている。タオの賢人は、功績を自慢しない。自慢しないどころか、たとえそれが誰の功績なのか分からなくても、わざわざ自分から申し出ることをしない。自慢したり申し出たりするのは、「私」という思いに基づいている。あらゆる欲の元は「私」である。この「私」にとらわれないことが禅の在り方である。そうして真に「私」から離れて功績を為す人は、真に偉大な人といえる。禅とタオの人とは、つまり無私の人である。

老子 第三十五章

物事は極めていくほどシンプルになるから、変に目立たずに調和する

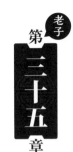

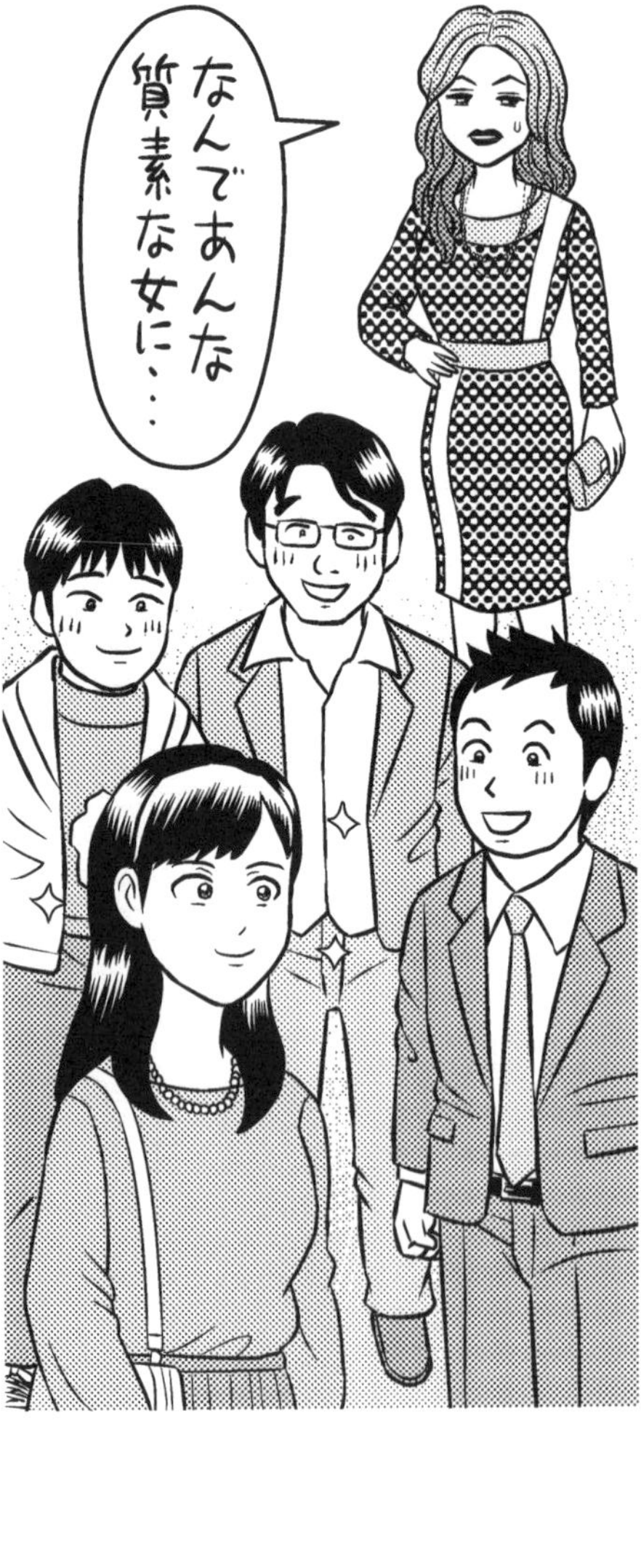
なんであんな質素な女に・・・

大象《たいしょう》を執《と》れば、天下往《ゆ》く。往きて而《しか》も害あらず、安・平・太《たい》なり。楽《がく》と餌《じ》には、過客《かかく》も止《とど》まる。道の言《げん》を出《い》だすは、淡乎《たんこ》として其《そ》れ味《あじ》無し。之《これ》を視《み》れども見るに足らず、之を聴けども聞くに足らず、之を用うれども既《つ》くすべからず。

煌《きら》びやかさや豪勢さ、華美さや派手さは目を引くが、そこに真実はない。自然はシンプルであり、質素である。人間はつい見た目にこだわり、分かりやすいアピールをしがちだが、そこに本当の自然さはない。自然にあるということは、余計な装飾を削り取っていったところに残る原石のようなものである。武を極めるほどに、自然へと帰っていく。そこに真理がある。真理に近い人には自ずと人が付いてくる。禅とタオを練る武道家には、だから人が付いてくる。

老子 第三十六章

「強大な力で攻めてくる相手は、流れに任せて応じればやがて自滅する

将《まさ》に之《これ》を歙《ちぢ》めんと欲《ほっ》せば、必ず固く之を張《しばら》れ。将に之を弱めんと欲せば、必ず固く之を強めよ。将に之を廃《はい》せんと欲せば、必ず固く之を興《おこ》せ。将に之を奪わんと欲せば、必ず固く之を与えよ。是《こ》れを微明《びめい》と謂《い》う。柔弱《じゅうじゃく》は剛強に勝つ。魚《うお》は淵《ふち》より脱すべからず。国の利器《りき》は以《もっ》て人に示すべからず。

強さは隠しておくに越したことはない。あえて人に見せないほうが良い。勝ちたい人がいれば、その人に勝ちを譲れば良い。威張りたい人がいればその人に威張らせておけば良い。意のままにしたい人がいれば、その人に意のままにさせれば良い。しかしそういう人は、増長して、やがて自滅する。だから本当に強い人は、その強さを自ら示すことはない。「柔よく剛を制す」とは、本来そういうことである。そうして武道家は、道を極めるほど、弱くなっていく。

老子 第三十七章

自我意識が出ると
うまくいかないから、
心を空《くう》にして事にあたろう！

道は常に無為《むい》にして、而《しか》も為さざる無し。侯王《こうおう》若《も》し能《よ》く之《これ》を守らば、万物は将《まさ》に自《おの》ずから化《か》せんとす。化して而も作《おこ》らんと欲せば、吾《わ》れ将に之を鎮《しず》むるに無名の樸《ぼく》を以《もっ》てす。無名の樸は、夫《そ》れ亦《ま》た将に無欲ならんとす。欲せずして以て静《せい》ならば、天下将に自ずから定まらんとす。

あえて何かを為そうとすれば、かえって為しえない。それは作為（強為《ごうい》）だからである。むしろ、何かを為そうとしなければ、結果的に為されている。それが無為（云為《うんい》）である。得をしようとすれば、かえって得できない。褒められようとすれば、かえって褒められない。敵を制しようとすれば、かえって制せない。先を見ず、つまり、結果を期待せず、今やるべきことをマインドフルにただやる。そうすれば、結果は自ずと付いてくる。

〝老子〟の兵法

下篇……（徳経）

老子 第三十八章

肩の力を抜いていれば、相手も身構えないから、争いにならない

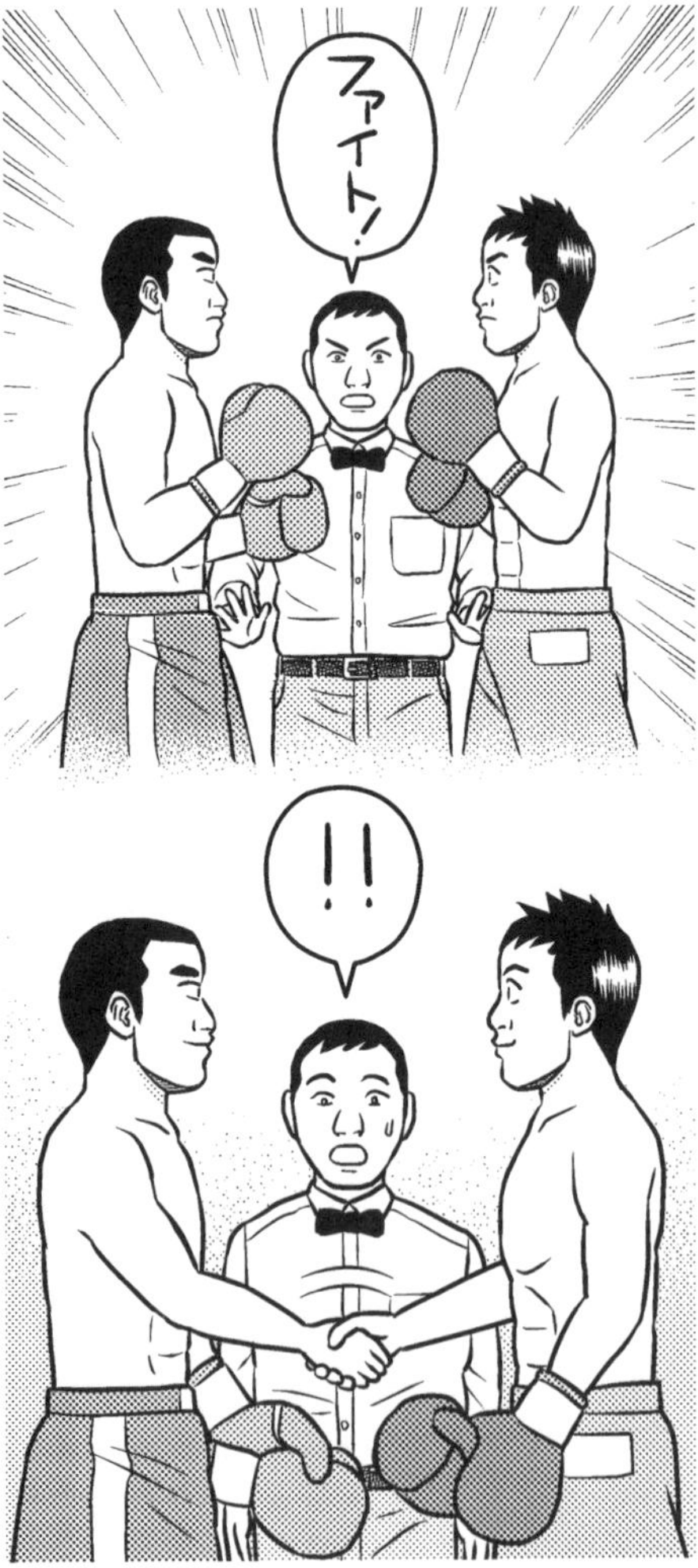

上徳《じょうとく》は徳とせず、是《ここ》を以《もっ》て徳有り。下徳《かとく》は徳を失わざらんとす、是を以て徳無し。上徳は無為《むい》にして、而《しか》して以て為《な》すこと無し。上仁《じょうじん》は之を為して、而して以て為すこと無し。上義《じょうぎ》は之を為して、而して以て為すこと有り。上礼《じょうれい》は之を為して、而して之に応ずる莫《な》ければ、則《すなわ》ち臂《ひじ》を攘《はら》って之を扔《ひ》く。故《ゆえ》に道を失いて而《しか》る後に徳あり、徳を失いて而る後に仁あり、仁を失いて而る後に義あり、義を失いて而る後に礼あり。夫《そ》れ礼なる者は、忠信《ちゅうしん》の薄きにして、而して乱の首《はじ》めなり。前識《ぜんしき》なる者は、道の華《はな》にして、而して愚《ぐ》の始《はじ》めなり。是を以て大丈夫《だいじょうふ》は、其《そ》の厚きに処《お》りて、其の薄きに処らず。其の実《じつ》に処りて、其の華に居らず。故に彼《か》れを去《す》てて此《こ》れを取る。

何事も無為である。ことさらに為そうとせず、また、為したことをことさらに示そうとしない。ただ自然のままにあることを好む。自分が今やるべきことをマインドフルに精一杯やるけれども、決して無理して頑張らない。そして他人にも無理強いしない。すると肩の力は抜けて、柔らかくなる。自分が柔らかくなれば、周りの他人も柔らかくなる。そうすればやがて争いも減る。これがタオの力である。争わずして勝つ、無手勝流《むてかつりゅう》とはこのことである。

老子 第三十九章

自分と相手は合わせて一つだから、相手も尊重すれば丸く収まる

昔の一《いつ》を得たる者は、天は一を得て以《もっ》て清く、地は一を得て以て寧《やす》く、神《しん》は一を得て以て霊《くすし》く、谷は一を得て以て盈《み》ち、万物は一を得て以て生じ、侯王《こうおう》は一を得て以て天下の貞《てい》と為《な》る。其《そ》の之《これ》を致すは一なり。天は以て清きこと無ければ、将《は》た恐らくは裂《さ》けん。地は以て寧きこと無ければ、将た恐らくは発《くず》れん。神は以て霊きこと無ければ、将た恐らくは歇《や》まん。谷は以て盈つること無ければ、将た恐らくは竭《つ》きん。万物は以て生ずること無ければ、将た恐らくは滅《ほろ》びん。侯王は以て貞なることなければ、将た恐らくは蹶《たお》れん。故に貴《き》は賤《せん》を以て本《もと》と為し、高《こう》は下《げ》を以て基《もとい》と為す。是《ここ》を以て侯王は、自《みずか》ら孤《こ》・寡《か》・不穀《ふこく》と謂《い》う。此《こ》れ賤を以て本と為すや、非《ひ》なるか。故《ゆえ》に数《しば》しば誉《ほま》れを致せば、誉れ無し。琭琭《ろくろく》として玉《ぎょく》の如《ごと》きを欲せず、珞珞《らくらく》たる石の如からん。

陰と陽、夜と昼、左と右、短と長、低と高、下と上、女と男、弱と強、柔と剛。片方がなければもう片方もない。両方そろって「一」であり、どちらも欠かせない。「私」は「他」がいるから存在する。もし「私」だけを尊び「他」を蔑《さげす》めば、そこに争いが生まれる。敵意的な「他」の存在とも滑らかに調和し、それをマインドフルに受容する。そうすれば争いは最小限に抑えられる。「私」を特別だと思わない。「私」は「一」の単なる片方である。

老子 第四十章

最初からあるもの、いつもやっていることに極意は潜んでいる！

反《かえ》る者は道の動《どう》なり、弱き者は道の用《よう》なり。天下の万物は有《ゆう》より生じ、有は無《む》より生ず。

例えば、広く仏教には数多くの経典や修行法や瞑想法があるが、一つの在り方として、究極的にはただ坐るところに行き着く。ただそこに坐るだけである。同様に、広く空手にも数多くの形《かた》（型）があるが、究極的には、那覇手《はなて》ならサンチン、首里手《しゅりて》ならナイファンチに行き着く。最も基本にしてシンプルなサンチンやナイファンチを、ただひたすら練るだけである。そうやってこれを練れば練るほど、ますます弱く柔らかくなる。だから練り込んだ武術家ほど、争いと縁遠くなる。

老子 第四十一章

もし阿呆《あほう》に見られても、思いやりをもって事にあたれば、それで良し！

上士《じょうし》は道を聞けば、勤《つと》めて之《これ》を行う。中士《ちゅうし》は道を聞けば、在《あ》るが若《ごと》く亡《な》きが若し。下士《かし》は道を聞けば、大いに之を笑う。笑われざれば、以《もっ》て道と為《な》すに足らず。故に建言《けんげん》に之有り。明道《めいどう》は昧《くら》きが若く、進道《しんどう》は退《しりぞ》くが若く、夷道《いどう》は類《らい》なるが若し。上徳《じょうとく》は谷《たに》の若く、大白《たいはく》は辱《けが》れたるが若く、広徳《こうとく》は足らざるが若く、建徳《けんとく》は偸《おこた》るが若く、質真《しつしん》は渝《かわ》るが若し。大方《たいほう》は隅《すみ》無く、大器《たいき》は晩成《ばんせい》し、大音《たいおん》は声希《かす》かに、大象《たいしょう》は形《かたち》無し。道は隠れて名無し。夫《そ》れ唯《た》だ道のみ善《よ》く貸《ほどこ》して且《か》つ善く成《な》す。

真に武術の達人は、決して強そうに見えない。驕《おご》らず、偉ぶることなく、謙虚で、我を張らず、思いやりに溢れている。そうしてタオに通じた武道家は、タオに通じていない人から見れば、ただの阿呆かもしれない。価値と評価から離れて、阿呆になってマインドフルにひたすら稽古する。その結果、多くの人から阿呆だと嘲笑《ちょうしょう》される。だから真の禅者や道家は、世間的には阿呆に見えるかもしれない。しかしその人が達人かどうかは、分かる人には分かる。

老子 第四十二章

「私」が為すのではなく、「私を含むこの世界」が自ずと為す！

道は一《いつ》を生じ、一は二を生じ、二は三を生じ、三は万物を生ず。万物は陰を負《お》い陽を抱き、沖気《ちゅうき》以《もつ》て和を為《な》す。人の悪《にく》む所は、唯《た》だ孤《こ》・寡《か》・不穀《ふこく》にして、而《しか》も王公《おうこう》は以て称《しょう》と為す。故《ゆえ》に物は或《ある》いは之《これ》を損《そん》じて益《ま》し、或いは之を益して損ず。人の教うる所は、我《わ》れも亦《ま》た之を教う。強梁《きょうりょう》なる者は其《そ》の死を得ず。吾《わ》れ将《まさ》に以て教えの父と為さんとす。

世界は陰と陽でできている。強引に得しようとすれば結果的に損をするし、人に無理強いすれば結果的に反発を招く。へりくだって一歩退き、自分から前に出ることなく、むしろ待っているぐらいの心構えがちょうど良い。無理に敵を制しようと力を込めてひねり倒すのではなく、むしろ相手の力を待って合わせる。「私」が自ら為すのではなく、「私」を含むこの世界が自ずと為される。その「云為《うんい》」こそタオであり禅である。そこに、「一」となった調和がある。

老子 第四十三章

自分の意思でも相手の意思でもなく、それを超越した意思に導かれる

天下の至柔《しじゅう》は、天下の至堅《しけん》を馳騁《ちてい》し、無有《むゆう》は無間《むかん》に入《い》る。吾《わ》れ是《ここ》を以《もっ》て無為《むい》の益《えき》有《あ》るを知る。不言《ふげん》の教え、無為の益は、天下之《これ》に及ぶもの希《まれ》なり。

ことさらに強引に何か為そうとするのではなく、その場の流れに合わせて自在に変化し、いつの間にかその場を制している。本当の強さとはこれである。無理に押せば当然、反発が起こる。しかし流れに合わせて捌《さば》けば、それはまるで自ずからそうするかのように捌かれる。自分の意思をただ通すのでもなく、一方で相手の意思にただ従うのでもない。自分と相手をも越えた意思に導かれるままに在る。それが水のごとき無為自然である。

老子 第四十四章

「頑張りすぎて早死にしたら それまでだから、良い加減を心得よう！

名《な》と身《み》と孰《いず》れか親しき、身と貨《か》と孰れか多《まさ》れる。得《う》ると亡《うしな》うと孰れか病《うれい》ある。是《こ》の故《ゆえ》に甚《はなは》だ愛せば必ず大いに費《つい》え、多く蔵《ぞう》せば必ず厚《あつ》く亡う。足るを知れば辱《はずか》しめられず、止《とど》まるを知れば殆《あや》うからず、以《もっ》て長久《ちょうきゅう》なるべし。

人はつい欲張るけれども、そのせいで無理をして、ついに体を壊すことがある。そうして早死にでもしたら何の意味もない。塩分や糖分をつい過剰に摂取してしまうように、財産や名誉も過剰に求めてしまう。塩分や糖分を取り過ぎれば病気になるように、財産や名誉に取り憑《つ》かれればやがて体を壊すことになる。禅やタオの人はこのからくりに気づく。だから欲張らない。欲張ると結局、損をするからである。したがって、真に武の道にある人は欲張らない。

老子

第四十五章

「とてつもなく強い人の場合、周りの人はその強さに気づかない！

大成《たいせい》は欠けたるが若《ごと》きも、其《そ》の用《よう》は弊《すた》れず。大盈《たいえい》は沖《むな》しきが若きも、其の用は窮《きわ》まらず。大直《たいちょく》は屈《くっ》するが若く、大巧《たいこう》は拙《せつ》なるが若く、大弁《たいべん》は訥《とつ》なるが若し。躁《そう》は寒《かん》に勝ち、静《せい》は熱に勝つ。清静《せいせい》は天下の正と為《な》る。

あまりに大きな山の麓《ふもと》にいると、そこに山があることに気がつかない。あまりにも大きな島に住んでいれば、自分が島に住んでいることを忘れる。同じく、とてつもなく強い人は、その強さに誰も気がつかない。限りなく思いやりの深い人は、その思いやりに誰も気づかない。本当の強さや思いやりを持つ人は、山や島のように、それを決して自ら誇示しないからだ。まるで空気のように、自然にそこに存在する。武の人は、そうやって静かに人々の役に立つ。

老子 第四十六章

得することを求めていたら、ずっと満たされないから、損をしよう！

天下に道有《あ》れば、走馬《そうば》を却《しりぞ》けて以《もっ》て糞《ふん》す。天下に道無ければ、戎馬郊《じゅうばこう》に生む。罪は欲すべきより大なるは莫《な》く、禍《わざわい》は足《た》るを知らざるより大なるは莫く、咎《とが》は得《え》んと欲するより大なるは莫し。故に足るを知るの足るは、常に足る。

得をしようとすれば損をする。欲には際限がないから、たとえ一時的にその欲が満たされても、その快楽はやがて消失し、さらなる大きな欲望を抱くようになる。そうして欲は結局のところいつまでも満たされないから、苦しみが続くことになる。苦の原因は他人にではなく、自分にある。得は損なのだ。自分からわざわざ損をするのは馬鹿げている。であるならば、得しないようにすればよい。むしろ、損するようにすればよい。これが禅の極意である。

老子 第四十七章

情報社会という海でおぼれないために、陸から海を眺めていよう！

戸《こ》を出《い》でずして以《もっ》て天下を知り、牖《まど》を闚《うかが》わずして以て天道を見る。其《そ》の出ずること弥《いよ》いよ遠ければ、其の知ること弥いよ少なし。是《ここ》を以て聖人は、行かずして知り、見ずして名《あき》らかにし、為《な》さずして成す。

我々は、何かを知らないでいることに不安を感じる。大事なことを見逃して損をするのではないかと恐れる。足りていないという幻想に駆られ、延々と情報を求め続ける。それはやがて過剰となり、今度はそれに翻弄《ほんろう》されるようになる。しかし、タオと禅を知る武道家は、そうして不安と混乱から情報の海に飲まれることはない。なぜなら武道家は、陸から海を眺めているからである。本来、人のいる場所というのは、海の中ではない。陸の上である。

老子 第四十八章

「初めは使える技を増やしていくが、ある時からは減らして核心に迫る

学を為《な》せば日《ひび》に益《ま》し、道を為せば日に損《そん》ず。之《これ》を損じて又《ま》た損じ、以《もっ》て無為《むい》に至る。無為にして而《しか》も為さざる無し。天下を取るは、常に無事《むじ》を以てす。其《そ》の事有《ことあ》るに及んでは、以て天下を取るに足らず。

普通、我々は、様々な面で知識を増やそうと努力をする。武術についても然《しか》りである。武術を習い始めた者が、使える技を増やしたい、多様な技を操りたい、と思うのはごく自然である。そうして、習う技や形《かた》（型）が増えていく。しかし、ある段階を越えた武術家は、やがて稽古する技や形の種類が減っていく。その武術・流派の原理原則へと収束していく。それでいてその武術・流派を体現する。タオや禅に従えば、自ずとそうなる。

老子 第四十九章

リーダーの無我の振る舞いで、組織の平穏と秘めた活力を生み出せる

聖人は常に無心《むしん》にして、百姓《ひゃくせい》の心を以《もっ》て心と為《な》す。善なる者は吾《わ》れ之《これ》を善しとし、不善なる者も吾れ亦《ま》た之を善しとして、徳を得《う》。信《しん》なる者は吾れ之を信じ、不信なる者も吾れ亦た之を信じて、信を得。聖人の天下に在《あ》るや、歙歙《きゅうきゅう》として天下の為に其《そ》の心を渾《こん》ず。百姓は皆《みな》其の耳目《じもく》を注ぎ、聖人は皆之を孩《がい》にす。

私利私欲をもって人に接すれば、相手は自分が損しないようにと身構える。好き嫌いをもって人に接すれば、敵を作る機会が生じる。だから集団の長となる者は、私利私欲や好き嫌いで成員に接しないほうが良い。我々はもともと自分を利するようにできているし、好きな人もいれば嫌いな人もいる。しかし、無心となって無我となって振る舞おうとする態度と行動が、集団に平穏を生む。そこに争いはない。これも一つの無手勝流《むてかつりゅう》、武の極意である。

老子 第五十章

悪い人を正そうとすると我が出てしまうから、自然の流れで応じよう！

生に出《い》でて死に入《い》る。生の徒《と》は十に三有り。死の徒も十に三有り。人の生きて動きて死地に之《ゆ》く、亦《ま》た十に三有り。夫《そ》れ何の故《ゆえ》ぞ。其の生を生とすることの厚きを以《もっ》てなり。蓋《けだ》し聞く、善《よ》く生を摂《せっ》する者は、陸を行きて兕虎《じこ》に遇《あ》わず、軍に入りて甲兵《こうへい》を被《こうむ》らず。兕も其の角《つの》を投《とう》ずる所無く、虎も其の爪を措《お》く所無く、兵も其の刃《やいば》を容《い》るる所無し、と。夫れ何の故ぞ。其の死地無きを以てなり。

「君子危うきに近寄らず」というように、武道家ならば、予め危険を察知して不要な争いに巻き込まれないように、事前にそれを避けて通る。ましてや、「私」自ら力を誇示してわざわざ無益な争いを起こすことはしない。ある人の行いに対して私憤《しふん》や公憤《こうふん》に駆られることもある。しかし、「私」がわざわざそれを正さなくても、この世はタオに従っているので、その人は巡り巡って報いを受ける。こうして「私」に執着しなければ、争いとは無縁になる。

老子 第五十一章

「達人は「徳」のある人だから、私利私欲から離れて淡々と生きていく

道、之《これ》を生じ、徳、之を畜《やしな》う。物、之を形づくり、勢《いきおい》、之を成す。是《ここ》を以て万物は道を尊《たっと》び徳を貴《たっと》ばざるは莫《な》し。道の尊きと徳の貴きは、夫《そ》れ之に命ずる莫くして、常に自《おの》ずから然《しか》り。故《ゆえ》に道、之を生じ、徳、之を畜い、之を長じ之を育《はぐく》み、之を亭《さだ》め之を毒《あつ》くし、之を養い之を覆《おお》う。生じて而《しか》も有せず、為《な》して而も恃《たの》まず、長じて而も宰《さい》せず。是《こ》れを玄徳《げんとく》と謂《い》う。

老子は、世界の根源であるタオの働きを「徳」と呼ぶ。だから、タオに従って行動する人を徳のある人と呼ぶ。徳のある人は、ただタオにしたがって無為自然に事を成しているだけだから、ことさらそれを自慢したり、所有したり、支配したりしない。そういう執着から離れてただ在る。まさしく禅である。ただ在る人は、執着がないから強い。執着は迷いを生み、隙を作り、やがて自滅を招く。それが作為による自滅である。自然に在れば、自滅しない。

老子 第五十二章

どうせ外に求める欲望は尽きないから、内なる自己に向かっていこう

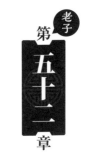

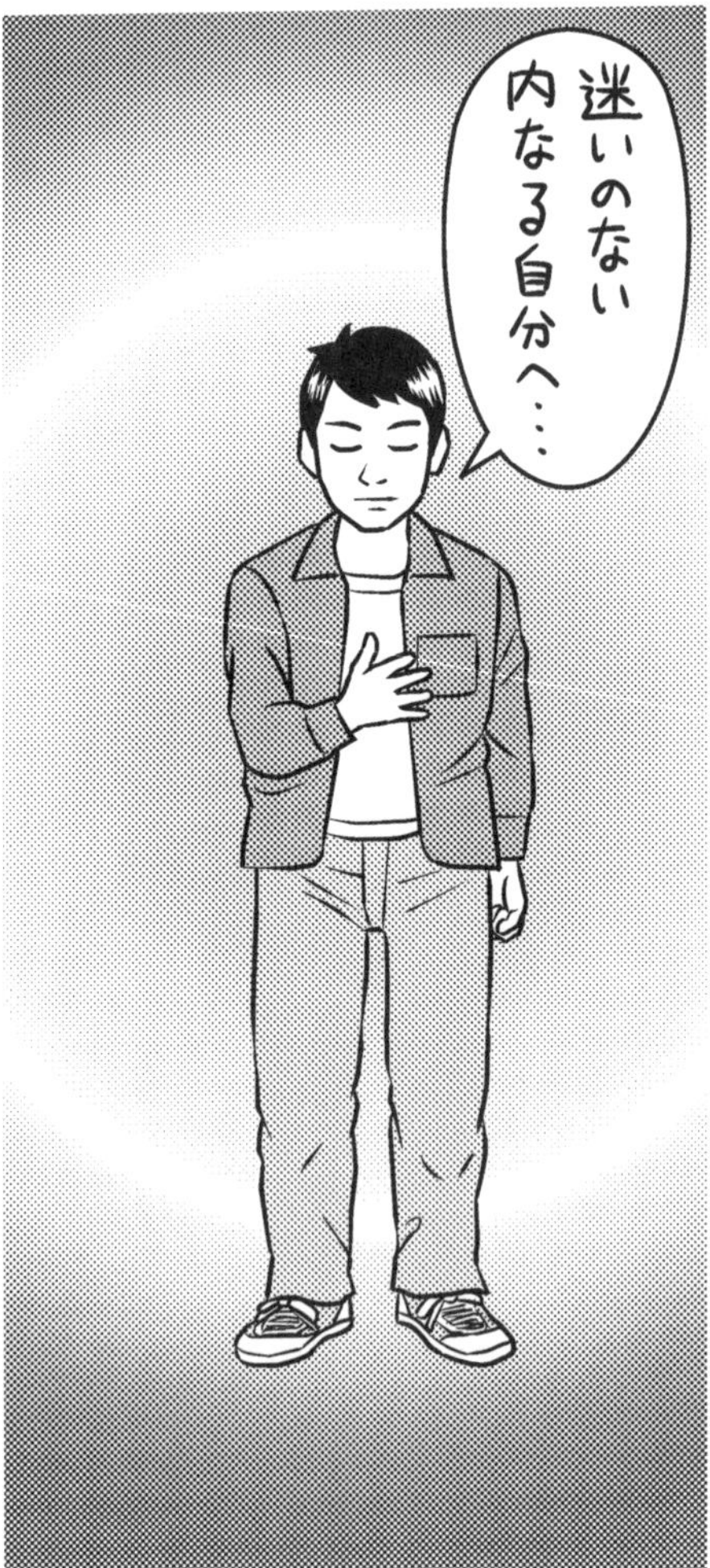
迷いのない内なる自分へ…

天下に始め有り、以《もっ》て天下の母と為《な》す。既《すで》に其《そ》の母を得《え》て、以て其の子を知る。既に其の子を知り、復《ま》た其の母を守らば、身を没《ぼっ》するまで殆《あや》うからず。其の兌《あな》を塞《ふさ》ぎ、其の門を閉ざせば、身を終《お》うるまで勤《つか》れず。其の兌を開き、其の事《こと》を済《な》せば、身を終うるまで救われず。小《しょう》を見るを明《めい》と曰《い》い、柔《じゅう》を守るを強《きょう》と曰う。其の光を用いて、其の明に復帰せば、身の殃《わざわい》を遺《のこ》す無し。是《こ》れを襲常《しゅうじょう》と謂《い》う。

大いなるタオに気づけば、表層的な「私」から発せられるどんな欲望も、詮《せん》なきものに見えてくる。名声や富や支配を求めて外ばかりを向いていれば、欲は永遠に尽きない。欲を追いかけ続けても、永遠に本当の「自己」を知ることはない。むしろ、内なる微細な心身の感覚へとマインドフルに意識を研ぎ澄ますことが、無限に広く深い自己を知る機会となる。その自己はタオとつながっている。武の道とは、そうやってタオを知り、タオに従う道である。

老子

第五十三章

時に脇道に逸《そ》れたとしても、いつでも地味な本道に戻れるなら良い！

使《も》し我れ介然《かいぜん》として知《ち》有れば、大道《だいどう》を行きて、唯《た》だ施《ななめ》なるを是《こ》れ畏《おそ》る。大道は甚だ夷《たい》らかにして、而《しか》も民《たみ》は径《こみち》を好む。朝《ちょう》は甚《はなは》だ除《よご》れ、田は甚だ蕪《あ》れ、倉《くら》は甚だ虚《むな》しきに、文綵《ぶんさい》を服し、利剣《りけん》を帯び、飲食に厭《あ》き、財貨《ざいか》は余り有り。是れを盗《とう》の夸《おご》りと謂う。道に非《あら》ざるかな。

武術の真髄は、地味で単純である。例えば単純な突きをただひたすら磨くのが、武の極みである。だが人はつい、その単純さに耐えられず、あるいは、それでは足りないのではないかと不安になり、あれこれと習いたくなる。目の前に広く拓ける平坦な道をただひたすら歩けば良いのに、脇道に逸れてあれこれと身に付けたくなる。ただ、そうして迷うのもまた人間である。大切なのは、華美な脇道は肥やしと自覚し、平坦で地味な本道に何度も戻ることである。

老子 第五十四章

集団のリーダーがいつでも心を乱さなければ、皆もそうなっていく！

善《よ》く建てたるは抜けず、善く抱けるは脱《お》ちず、子孫以《もっ》て祭祀《さいし》して輟《や》まず。之《これ》を身に修めば、其《そ》の徳は乃《すなわ》ち真なり。之を家に修めば、其の徳は乃ち余《あま》り有り。之を郷《きょう》に修めば、其の徳は乃ち長《ひさ》し。之を邦《くに》に修めば、其の徳は乃ち豊かなり。之を天下に修めば、其の徳は乃ち普《あまね》し。故《ゆえ》に身を以て身を観《み》、家を以て家を観、郷を以て郷を観、邦を以て邦を観、天下を以て天下を観る。吾《わ》れ何を以《しか》て天下の然るを知るや、此《こ》れを以てなり。

真に武道家であれば、タオや禅とつながっている。武道家が武道家たる心根で日々を生きれば、その家族もまたタオと禅につながる。その武道家が集団の長となれば、その集団もまたタオと禅につながる。そうしてしっかりと根っこからタオと禅につながっていれば、何が起ころうと倒れることはない。武道とは生き様である。武道家らしく生きるとは、何事にも動ぜず、タオに従い、ただ禅を実践することである。それが安心となってやがて周りに浸透する。

老子 第五十五章

「武術の練習も実戦も何事でも、必要なこと以上は決してやらない！

含徳《がんとく》の厚きは、赤子《せきし》に比す。蜂蠆虺蛇《ほうたいきだ》も螫《さ》さず、猛獣も拠《おそ》わず、攫鳥《かくちょう》も搏《う》たず。骨弱く筋《きん》柔らかくして而《しか》も握ること固《かた》し。未《いま》だ牝牡《ひんぼ》の合《ごう》を知らずして而も全《ぜん》の作《た》つは、精の至《いた》りなり。終日号《な》いて而も嗄《か》れざるは、和の至りなり。和を知るを常《じょう》と曰《い》い、常を知るを明《めい》と曰う。生を益《ま》すを祥《しょう》と曰い、心《こころ》気を遣うを強《きょう》と曰う。物は壮《さかん》なれば則《すなわ》ち老《お》ゆ。之《これ》を不道《ふどう》と謂《い》う。不道は早く已《や》む。

赤ん坊は、腹が減れば減った分だけ泣き、満足すれば泣き止む。必要以上に泣いたり、必要以上に食べたりしない。これは野生動物も同じである。必要以上に動けば、体力を無駄に消耗するし、必要以上に食べれば、太って動きが鈍り、生命が危ぶまれる。何事も必要以上にしなければ、常に最適な状態でいられる。そうすれば、いざというときに最大限の力を発揮できる。武道家であれば、常に備えておく必要がある。だから、必要以上のことはしない。

老子 第五十六章

「余計なことを言わず、なるべく目立たない、空気のような達人になる

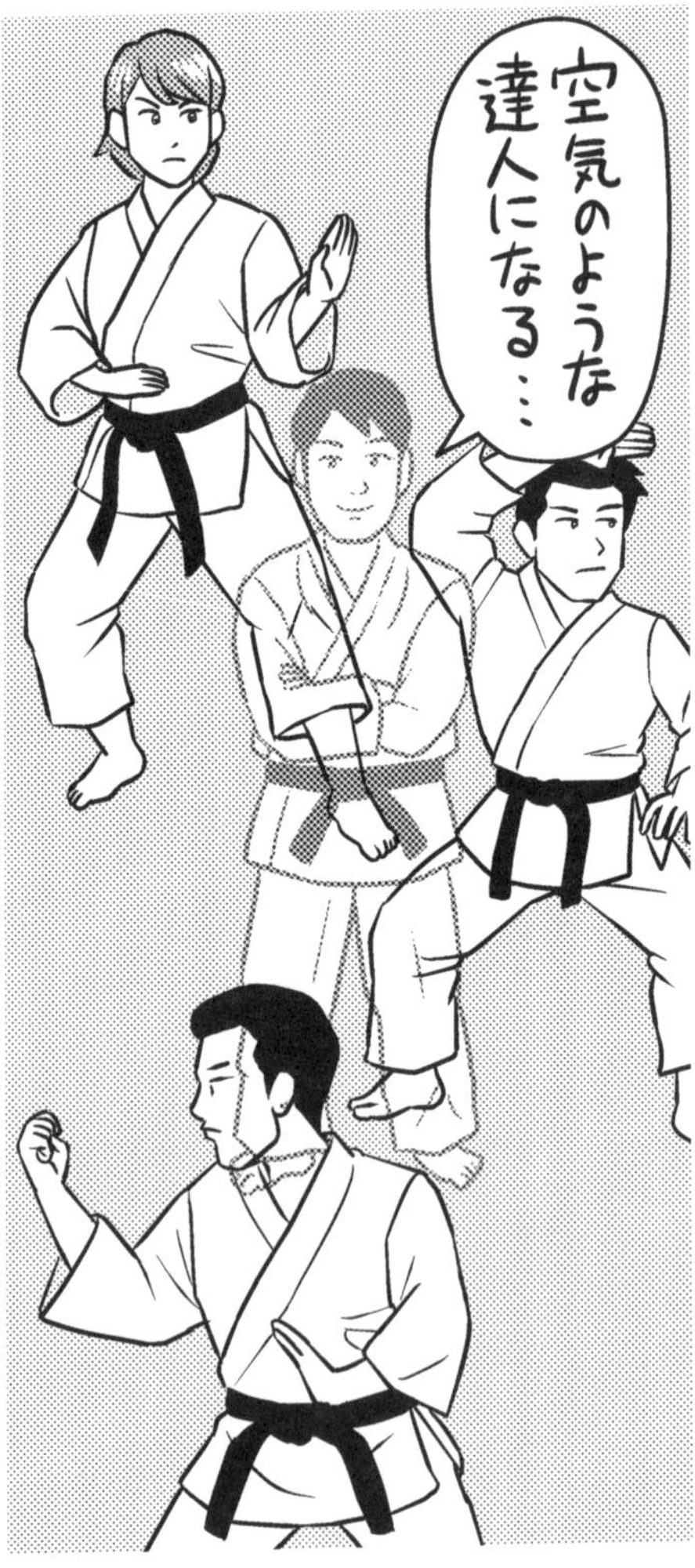
空気のような達人になる…

知る者は言わず、言う者は知らず。其《そ》の兌《あな》を塞《ふさ》ぎ、其の門《もん》を閉ざし、其の鋭《えい》を挫《くじ》き、其の分《ふん》を解き、其の光を和《やわ》らげ、其の塵《ちり》に同《どう》ず。是《こ》れを玄同《げんどう》と謂《い》う。故《ゆえ》に得《え》て親しむべからず、得て疎《うと》んずべからず。得て利《り》すべからず、得て害《がい》すべからず。得て貴《たっと》ぶべからず、得て賤《いや》しむべからず。故に天下の貴《き》と為《な》る。

タオと禅につながる武道家は、無駄なことはしゃべらない。無駄にしゃべれば、災いを生む。我々はつい、「私」にこだわるために、何かを言いたくなる。それは欲求であり、不平であり、虚栄である。武道家であれば、災いを避け、静かに生きる。極力欲を手放し、なるべく目立たず、できるだけ素朴に生きる。それはまるで空気のごとく、そこにあってそこにない存在である。「私」へのこだわりを捨てるから、「私」はもうそこにはいない。

老子 第五十七章

「私」が優ろうとすれば争いになるから、「私」をなくして応じよう！

正《せい》を以《もっ》て国を治め、奇《き》を以て兵を用い、無事《むじ》を以て天下を取る。吾《わ》れ何を以て其《そ》の然《しか》るを知るや、此《こ》れを以てなり。夫《そ》れ天下に忌諱《きき》多くして、民弥《たみいよ》いよ貧《まず》し。民《たみ》に利器《りき》多くして、国家滋《ます》ます昏《くら》し。人に伎巧《ぎこう》多くして、奇物《きぶつ》滋ます起こり、法令滋ます彰《あき》らかにして、盗賊多く有り。故に聖人云く、我《わ》れ無為《むい》にして民自《おの》ずから化《か》し、我れ静《せい》を好みて民自ずから正しく、我れ無事にして民自ずから富み、我れ無欲にして民自ずから樸《ぼく》なり、と。

何かをすれば、何かが起こる。ただ自ずと「なる」のではなく、自ら「する」ということは、作為である。作為ですれば、作為で返ってくる。その作為に「私」が絡めば、「私」が絡んで返ってくる。だから何かをするにしてもせめてそこに「私」を絡めてはいけない。仮に「私」が相手に優ろうとすると、相手の「私」も優ろうとする。そこに争いが生まれる。「私」がしなければ、向こうの「私」もしない。そこに和が生まれる。これが武の極意である。

老子 第五十八章

相手が強いなら無理に押さず、状況が流転するタイミングを伺おう！

其《そ》の政《まつりごと》悶悶《もんもん》たれば、其の民《たみ》淳淳《じゅんじゅん》たり。其の政察察《さつさつ》たれば、其の民欠欠《けつけつ》たり。禍《か》や福《ふく》の倚《よ》る所、福や禍の伏《ふ》す所、孰《たれ》か其の極《きょく》を知らん。其《そ》れ正《せい》無し。正は復《ま》た奇と為《な》り、善は復た妖《よう》と為る。人の迷えるや、其の日固《もと》より久し。是《ここ》を以て聖人は、方《ほう》にして而《しか》も割《さ》かず、廉《れん》にして而も劌《やぶ》らず、直《ちょく》にして而も肆《し》ならず、光りて而も燿《かがや》かず。

陰と陽は流転する。善と悪もまた相対的である。だから何事も一面的に裁いたり、断じたりせず、自然の流れを見極める必要がある。無理に正そうとしたり、通そうとすれば、反発が起こる。強引に押すから強引に押し返される。力勝負となれば、体力筋力のある者がいつかは勝つ。武術とは、陰陽の流転を感得し、相手の力と調和して、相手の敵意を中和する術である。そうすれば、たとえ不利な条件でも、しなやかに流れることができる。

老子 第五十九章

高価な服を欲するのは何のため？物事の本質を求めると強くなる！

人を治《おさ》め天に事《つか》うるは、嗇《しょく》に若《し》くは莫《な》し。夫《そ》れ唯《た》だ嗇なり、是《ここ》を以《もっ》て早く服《ふく》す。早く服するは、之《これ》を重ねて徳を積むと謂《い》う。重ねて徳を積めば、則《すなわ》ち克《か》たざる無し。克たざる無ければ、則ち其の極《きょく》を知る莫し。其の極を知る莫ければ、以て国を有《たも》つべし。国の母《はは》を有《たも》てば、以て長久《ちょうきゅう》なるべし。是《こ》れを根《こん》を深くし柢《てい》を固《かた》くし、長生久視《ちょうせいきゅうし》の道と謂《い》う。

無駄を削ぎ落としていったところに真理がある。武術もそうだが人生もまたそうである。あれが食べたいこれが着たいという欲望は、無駄なことが多い。美味いものや珍しいものを食べたい、綺麗なものや特別なものを着たいと思うとき、本当にそれは人生において必要なのかを問うと良い。名誉や評価も同じである。無駄なものを捨てていった最後に本質だけが残る。それが人間存在の真理である。武術も人生も、真理に触れた人は強い。

老子 第六十章

その時やることをやっておき、それ以上のことはせず、待つことが大事！

大国を治《おさ》むるは、小鮮《しょうせん》を烹《に》るが若《ごと》し。道を以《もっ》て天下に莅《のぞ》めば、其の鬼も神ならず。其の鬼の神ならざるに非《あら》ず、其の神も人を傷《そこな》わず。其の神の人を傷わざるに非ず、聖人も亦《ま》た人を傷わず。夫《そ》れ両《ふた》つながら相《あ》い傷わず、故《ゆえ》に徳交《こも》ごも焉《これ》に帰《き》す。

何事も焦《あせ》って早くやろうとしたり強引にやろうとしたりすると、上手くいかない。かえって状況が悪化したり、結果が芳《かんば》しくなかったりする。人事を尽くし、天命を待つ。待てずにあれこれやればやるほど、逆に場の流れは悪くなる。場の本来の流れを感受し、押しすぎず引きすぎず、ちょうど良い中庸でもって事を進めていく。敵を制するときも同じである。早く決着しようとしたり強引に押さえようとしたりしてあれこれやれば、むしろ手間取ることになる。

老子 第六十一章

強さを誇っている者は中途半端であり、真の強者は控えめに存在する

大国は下流なり。天下の交《こう》、天下の牝《ひん》なり。牝は常に静《せい》を以《もっ》て牡《ぼ》に勝つ。静を以て下《くだ》るを為《な》すなり。故《ゆえ》に大国は以て小国に下れば則《すなわ》ち小国を取り、小国は以て大国に下れば則ち大国を取る。故に或《ある》いは下りて以て取り、或いは下りて而も取る。大国は兼《か》ねて人を畜《やしな》わんと欲《ほっ》するに過ぎず、小国は入《い》りて人に事《つか》えんと欲するに過ぎず。夫《そ》れ両者は各《おの》おの其《そ》の欲する所を得《え》んとせば、大なる者宜《よろ》しく下るを為すべし。

「稔《みの》るほど頭《こうべ》を垂れる稲穂かな」ということわざがある。あるいは「能ある鷹は爪を隠す」でも良い。豊かな者や強い者が謙虚であれば、その世界（社会）には争いは起こらず、平和と調和がもたらされる。中途半端に豊かな者がその豊かさを誇ろうとし、中途半端に強い者がその強さを誇ろうとする。だから、真に豊かで真に強い者は、極めて謙虚である。だからこそ真の武道家は、その術を練れば練るほど、ますます弱く静かになるのである。

老子 第六十二章

達人になっても、タオを見失わないように稽古をし続ける必要がある

道なる者は万物の奥《おう》、善人の宝、不善人の保つ所なり。美言《びげん》は以《もっ》て市《か》うべく、尊行《そんこう》は以て人に加《くわ》うべし。人の不善なるも、何の棄《す》つることか之《これ》有らん。故《ゆえ》に天子を立て、三公《さんこう》を置くに、拱璧《きょうへき》の以て駟馬《しば》に先だつ有りと雖《いえど》も、坐して此《こ》の道を進むるに如《し》かず。古《いにしえ》の此の道を貴《たっと》ぶ所以《ゆえん》の者は何ぞや。求むれば以て得《え》、罪《つみ》有るも以て免《まぬが》ると曰《い》わずや。故に天下の貴《き》と為《な》る。

タオは、あらゆる人、あらゆるものとつながっている。善人も悪人も、タオとつながっている。善人と悪人を分けるのは、タオとつながっていることを知っているかどうかである。同様に、あらゆる人、あらゆるものに仏は宿っている。仏陀と凡夫《ぼんぷ》（平凡な人）を分けるのは、仏が宿っていることを知っているかどうかである。ただ、タオも仏も、実践し続けなければ見失ってしまう。武道家は稽古によって、貴き宝であるそれを丁寧に大切に実践し続ける。

老子 第六十三章

何事にもあせらずに丁寧に応じていれば、周りの環境も平和を保てる

無為《むい》を為《な》し、無事《むじ》を事《こと》とし、無味《むみ》を味わう。小を大とし、少を多とする。怨《うら》みに報《むく》ゆるに徳を以《もっ》てす。難《かた》きを其《そ》の易《やす》きに図《はか》り、大なるを其の細《ちい》さきに為す。天下の難事《なんじ》は必ず易きより作《おこ》り、天下の大事は必ず細さきより作る。是《ここ》を以て聖人は、終《つい》に大を為さず。故《ゆえ》に能《よ》く其の大を成《な》す。夫《そ》れ軽《かる》がるしく諾《だく》せば必ず信寡《しんすく》なく、易しとすること多ければ必ず難多し。是を以て聖人すら猶《な》お之《これ》を難しとす。故に終に難きこと無し。

無為とは、一つ一つの物事に対して、丁寧に大切に向き合うことである。やたらに手を出したり、いい加減に応じたりすると、やがて手に負えない難事となる。そうならないために、タオの人は小さなことでも易しいことでも、丁寧に大切に行う。だからまるで何もしていないように見える。タオに通じる武道家の周りが、難事に至らず平和を保てるのは、常にマインドフルに注意を四方に払い、物事を丁寧に大切に扱うからである。それはまさしく禅である。

老子 第六十四章

いつも状況の微《かす》かな変化に気づければ、その対応は簡単である！

其《そ》の安《やす》きは持《じ》し易《やす》く、其の未《いま》だ兆《きざ》さざるは謀《はか》り易し。其の脆《もろ》きは泮《と》かし易く、其の微《び》なるは散らし易し。之《これ》を未だ有らざるに為《な》し、之を未だ乱れざるに治《おさ》む。合抱《ごうほう》の木も毫末《ごうまつ》より生じ、九層の台も累土《るいど》より起こり、千里の行《こう》も足下《そっか》より始まる。為す者は之を敗《やぶ》り、執《と》る者は之を失う。是《ここ》を以《もっ》て聖人は、為すこと無し、故《ゆえ》に敗ること無し。執ること無し、故に失うこと無し。民の事《こと》に従うは、常に幾《ほと》んど成るに於《おい》て之を敗る。終わりを慎《つつし》むこと始めの如くなれば、則《すなわ》ち事を敗ること無し。是を以て聖人は、欲せざるを欲して、得難《えがた》きの貨《か》を貴《たっと》ばず、学ばざるを学びとして、衆人《しゅうじん》の過ぎし所に復《ふく》し、以て万物の自然に輔《もと》づき、而《しか》して敢《あ》えて為さず。

事の起こりに気づく。早めに気づけば、容易に対応できるし、選択肢も増える。気づかずそのままにしておけば、やがて事は大きくなる。そうなれば、対応するのに手間が一層かかるし、選択肢も限られてくる。何事も、事の起こりは微かである。その微かな変化に気づくかどうか。武術稽古は、この微細な変化への気づきを磨く。状況や他者へ五感を働かせ、自己の内面の感覚を研ぎ澄ます。早めに気づいて対応すれば、人目に立つ事をことさらにすることはなくなる。

老子 第六十五章

他人と比べていても行き詰まるから、自然にあるべき存在でいよう！

古《いにしえ》の善《よ》く道を為《な》す者は、以《もっ》て民《たみ》を明らかにするに非《あら》ず、将《まさ》に以て之《これ》を愚《おろ》かにせんとす。民の治め難《がた》きは、其《そ》の智《ち》多きを以てなり。故《ゆえ》に智を以て国を治むるは、国の賊《ぞく》なり、智を以て国を治めざるは、国の福《ふく》なり。此《こ》の両者を知るは亦《ま》た稽式《けいしき》なり。常に稽式を知る、是《こ》れを玄徳《げんとく》と謂《い》う。玄徳は深し、遠し、物と与《とも》に反《かえ》る。然《しか》る後《のち》、乃《すなわ》ち大順《たいじゅん》に至る。

小賢《こざか》しく立ち回ろうとすれば、やがて確執が生まれる。外面的な見栄えを良くしようと振る舞えば、やがて内面的な本質は失われていく。人はつい、自分が他人より、少しでも得をしようとしたり、少しでも良く見られようとしたりする。人を出し抜こうとせず、内なる本質を尊ぶところに、本当の幸せと豊かさがある。過ぎたる我欲を捨てて、シンプルに生きる。武の技も、過剰や華美を廃したところに本質がある。シンプルさにこそ奥義が宿る。

老子 第六十六章

「本当の勝利とは、周りと調和していつまでも心穏やかに暮らすことだ

江海《こうかい》の能《よ》く百谷《ひゃっこく》の王為《た》る所以《ゆえん》の者は、其《そ》の善《よ》く之《これ》に下るを以《もっ》て、故《ゆえ》に能く百谷の王為り。是《ここ》を以て民《たみ》に上《かみ》たらんと欲せば、必ず言《げん》を以て之に下《くだ》り、民に先《さき》んぜんと欲せば、必ず身を以て之に後《おく》る。是を以て聖人は、上に処《お》りて而《しか》も民は重しとせず、前に処りて而も民は害とせず。是を以て天下は推《お》すを楽しみて而も厭《いと》わず。其の争わざるを以て、故に天下能く之と争う莫《な》し。

水は低いところに流れていく。そうして川はやがて海になる。だから、低くへりくだる者がタオに通じている。横柄で利己的な者に、人は決して付いていかない。謙虚で利他的な者にこそ、人は付いていく。謙虚で利他的であれば、人と争うことはない。争わなければ、心穏やかに過ごすことができる。究極の武術・兵法とは、争わずに勝つことである。本当の勝利とは、人とともに心穏やかに過ごすことだとすれば、武術の核心とはすなわち謙虚で利他的であることだ。

老子 第六十七章

あえて勝負事の勝ちを最小限にすれば、自分も周りも平和が続く！

天下皆《みな》我れを大《だい》にして不肖《ふしょう》に似たりと謂《い》う。夫《そ》れ唯《た》だ大なり、故《ゆえ》に不肖に似たり。若《も》し肖ならば、久しいかな其《そ》の細《さい》なるや。我れに三宝《さんぽう》有り、持《じ》して之《これ》を保つ。一に曰《いわ》く慈《じ》、二に曰く倹《けん》、三に曰く敢《あ》えて天下の先《せん》と為《な》らず。慈なるが故に能《よ》く勇《ゆう》なり、倹なるが故に能く広く、敢えて天下の先と為らざるが故に能く器《き》の長と成る。今、慈を舎《す》てて且《まさ》に勇ならんとし、倹を舎てて且に広からんとし、後《ご》を舎てて且に先ならんとせば、死せん。夫れ慈は、以《もっ》て戦えば則《すなわ》ち勝ち、以て守らば則ち固《かた》し。天将《まさ》に之を救わんとし、慈を以て之を衛《まも》る。

人に対して思いやりがなく、浪費的で、とにかく出世競争に勝ちたいと願う人間の心が穏やかであるはずがない。自分の欲望を最優先にして、欲しいものばかり求めるというやり方は、第一に際限がない。欲望は尽きないので、永遠に満たされることがないからだ。第二に敵を生む。ある欲を叶えようとすれば、その欲が叶えられない人がいるからだ。無駄をなくして自分の取り分は必要最小限にし、他者に「勝利」を譲れば、絶対的に心穏やかでいられる。

老子 第六十八章

達人は争い事とは無縁。誰も気づかないうちに事を丸く収めている！

善《よ》く士《し》為《た》る者は武《ぶ》ならず。善く戦う者は怒《いか》らず。善く敵に勝つ者は与《とも》にせず。善く人を用うる者は之《これ》が下《しも》と為る。是《こ》れを不争《ふそう》の徳と謂《い》い、是れを人の力を用うと謂い、是れを天に配《はい》すと謂う。古《いにしえ》の極《きょく》なり。

武術の極意は無手勝流《むてかつりゅう》である。争わずして勝つことが最高の勝利である。つまり、武術とは争わないために習う術である。だから優れた武術家は、決して争いに巻き込まれない。稽古を重ねた達人は、実に柔和で優しく謙虚である。タオに従って水のごとく柔らかく、人とぶつからず、知らず知らずのうちに事を丸く収めている。それはまるで空気のように、そこにいるようでいない。「私」への執着を捨てることが達人への道であり、つまりそれは禅である。

老子

第六十九章

「自ら攻めるのは自惚《うぬぼ》れがあるから。勝ちにこだわらないと負けない！

兵《へい》を用うるに言有《げん》り。吾《わ》れ敢《あ》えて主《しゅ》と為《な》らずして客《かく》と為り、敢えて寸《すん》を進まずして尺《しゃく》を退け、と。是《こ》れを、行《ゆ》くに行無《みち》く、攘《はら》うに臂《ひじ》無く、執《と》るに兵無く、扔《ひ》くに敵無し、と謂う。禍《わざわい》は敵を軽んずるより大なるは莫《な》し。敵を軽んずれば幾《ほとん》ど吾が宝を喪《うしな》わん。故《ゆえ》に兵を抗《あ》げて相《あ》い如《し》かば、哀《かな》しむ者勝つ。

戦いは自ら仕掛けるものではない。自ら攻めるということは、自分のほうが強いと思っている証左である。それは自惚《うぬぼ》れである。相手を侮《あなど》ってはいけない。侮れば負ける。したがって争いを自ら起こすということは、負ける公算が高いことを意味する。負ける公算の高い勝負を自らするべきではない。負ければ失うものがある。戦わなければ失うものはない。空手を沖縄から本土に紹介した船越義珍《ぎちん》は、「空手に先手なし」と言った。武術とは、勝つための術ではなく、負けないための術なのである。

老子 第七十章

凡人には表面しか見えないから、達人が愚者《ぐしゃ》に見えてしまうことがある

吾《わ》が言《げん》は甚《はなは》だ知り易《やす》く、甚だ行い易きも、天下能《よ》く知るもの莫《な》く、良く行うもの莫し。言に宗《そう》有り、事《こと》に君《くん》有り。夫《そ》れ唯《た》だ知ること無し、是《ここ》を以て我れを知らず。我れを知る者は希《まれ》なれば、則《すなわ》ち我れは貴《たっと》し。是を以て聖人は、褐《かつ》を被《き》て玉《ぎょく》を懐《いだ》く。

欲得の世界からすれば、タオや禅に通じる人は、得てして理解されない。なぜなら、彼らは「私」への執着がないからである。「私」への執着がないと、欲を張らないので、生活は質素である。我を張らないので、争いに加わらない。水のごとく柔らかく、空気のごとく澄んでいる。だから、欲得に染まった人から見れば、タオや禅の人はきっと愚者に見えるに違いない。本当の武を習う者は、やがてタオや禅に通じる。達人に愚者が多いのはそのためである。

老子 第七十一章

武術は永遠に完成することはないが、実践し続けるのが武術である

知りて知らずとするは上《じょう》なり。知らずして知るとするは病《へい》なり。夫《そ》れ唯《た》だ病を病とす、是《ここ》を以《もっ》て病あらず。聖人の病あらざるは、其《そ》の病を病とするを以てなり。

禅が分かったと思っている人は、おそらく分かっていない。同じく、武術をマスターしたと思っている人は、おそらくマスターしていない。禅も武も、決して何らかのゴールに達することはない。むしろどちらも、練れば練るほど深くなる。練るほどに、ますます分からなくなる。自分が分からないことがますます分かってくる。分かったと勘違いして練るのを止めたらそこで終わりである。だから、分からないと思って練り続けている人のほうが、禅も武も深い。

老子 第七十二章

強大な力で攻められても、柔らかく応じれば、勝たずとも負けない！

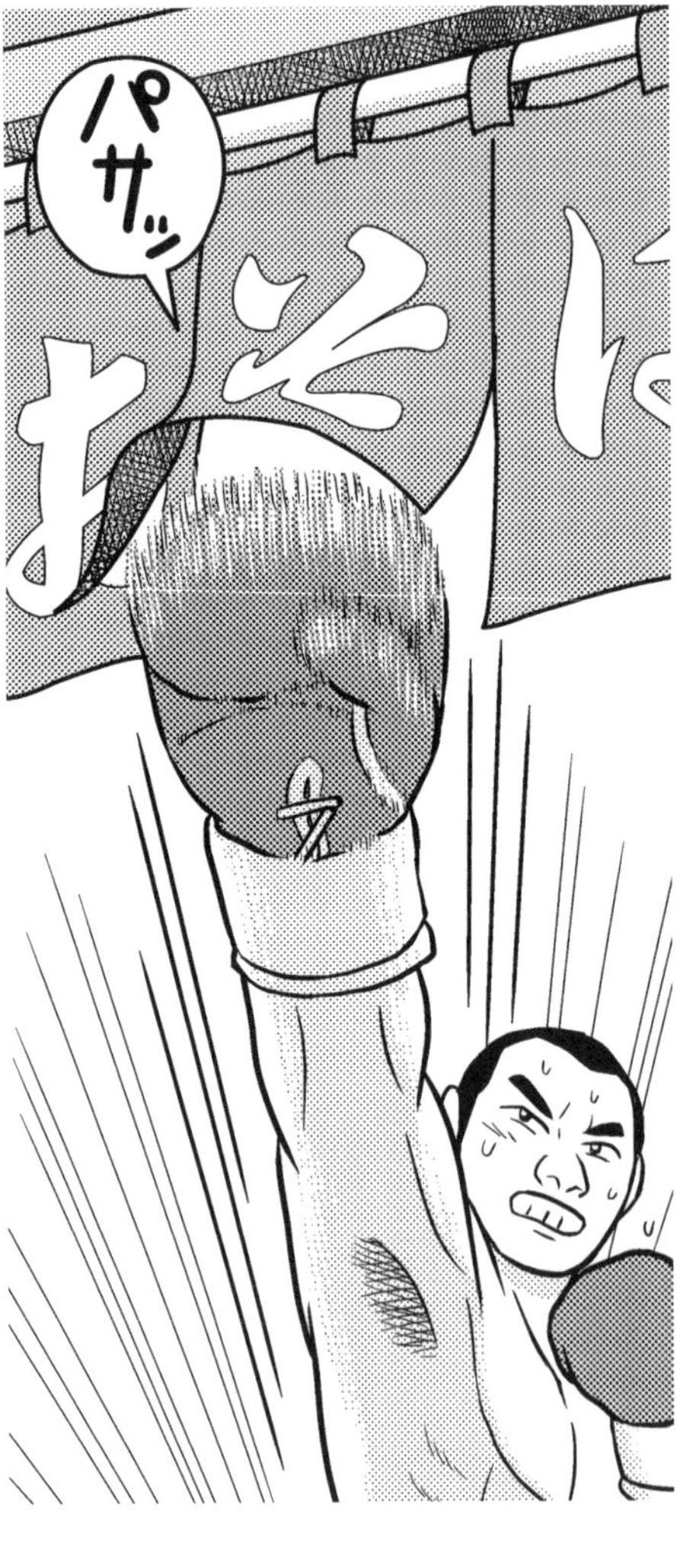

民威《たみい》を畏《おそ》れざれば、則《すなわ》ち大威《たいい》至る。其《そ》の居《お》る所を狎《せば》めること無かれ、其の生《い》くる所を厭《あっ》すること無かれ。夫《そ》れ唯《た》だ厭せず、是《ここ》を以《もっ》て厭せられず。是を以て聖人は、自《みずか》ら知りて自ら見《あら》わさず、自ら愛して自ら貴《たっと》ばず。故《ゆえ》に彼《か》れを去《す》てて此《こ》れを取る。

自らの知恵や力を誇り、その威力で他者を制しようとすれば、必ず反発が生じる。剛で押せば、必ず剛で返ってくる。このやり方は、どちらかが敗れるまで続く。たとえ勝ったとしても、相応に疲弊し損害を被る。これでは勝っても負けても意味がない。だから知恵や力はあっても、その威力を誇示してはいけない。もし剛で押されれば、そのときは柔で返す。剛を秘めた柔でもって、負けないところで事を収める。それが武術的な知恵と力の使い方である。

老子 第七十三章

タオに従った生き方も絶対的ではなく、人それぞれに生き方がある

敢《あ》えてするに勇《ゆう》なれば、則《すなわ》ち殺され、敢えてせざるに勇なれば、則ち活《い》く。此《こ》の両者は、或《ある》いは利あり、或いは害あり。天の悪《にく》む所、孰《たれ》か其《そ》の故《ゆえ》を知らん。是《ここ》を以て聖人すら猶《な》お之《これ》を難《かた》しとす。天の道は、争わずして而《しか》も善く勝ち、言わずして而も善く応じ、召《まね》かずして而も自《おの》ずから来たり、繟然《せんぜん》として而も善く謀《はか》る。天網恢恢《てんもうかいかい》、疏《そ》にして而も失わず。

何が正しくて何が正しくないかは、時代や文化や状況や立場によって、常に相対的である。だからこの世の中に絶対的なことなどない。見方によって、陰は陽となり、陽は陰となる。だから当然、タオや禅に従った生き方が絶対的に正しいわけではない。道家や禅者であっても、何が正しいかなど分からない。タオや禅は一つの考えであり、どう生きるかは個人の選択である。自然に身を任せ、争わず、驕《おご》らず、作為せず、ただ在る生き方を選ぶかどうかである。

老子 第七十四章

「ひどいことをされても、その報復や制裁は「私」がしないほうが良い

民《たみ》死を畏《おそ》れざれば、奈何《いかん》ぞ死を以《もっ》て之《これ》を懼《おそ》れしめん。若《も》し民をして常に死を畏れしめば、而《すなわ》ち奇《き》を為《な》す者、吾《わ》れ執《とら》えて之を殺すを得んも、孰《たれ》か敢《あ》えてせん。常に殺《さつ》を司《つかさど》る者有りて殺す。夫《そ》れ殺を司る者に代わりて殺す、是《こ》れを大匠《たいしょう》に代わりて斲《けず》ると謂う。夫れ大匠に代わりて斲る者は、其《そ》の手を傷つけざる有ること希《まれ》なり。

例えば、人に侮辱《ぶじょく》されたり、人が規則に反したりしたとき、我々は怒りを感じる。前者を私憤《しふん》、後者を公憤《こうふん》という。私憤からその人に報復したり、公憤からその人に制裁を加えたりしたいとつい思う。しかしこのとき武道家であれば、あえて自ら行動しない。なぜなら、武道家本人が自ら手を下さなくとも、その人はタオによって必ず報いを受けるからである。「私」自らがしなければならないという思いを捨てる。そうすれば、無駄な争いをせずに済む。

老子 第七十五章

「自分の中にある「私」を捨てることで、最強の武術・兵法となる！

民《たみ》の飢《う》うるは、其《そ》の上《かみ》の税を食《は》むことの多きを以《もっ》て、是《ここ》を以て飢う。民の治め難《がた》きは、其の上の為《な》すこと有るを以て、是を以て治め難し。民の死を軽んずるは、其の上の生《せい》を求むること厚《あっ》きを以て、是を以て死を軽んず。夫《そ》れ唯《た》だ生を以て為すこと無き者は、是《こ》れ生を貴《たっと》ぶより賢《まさ》れり。

より良く生きること自体は、決して間違いではない。しかし、その「より良く」というのが、自分が贅沢《ぜいたく》をすること、自分を誇示すること、自分の思い通りに支配することだとすれば、誰もその人を尊敬しない。むしろ、贅沢や誇示や支配のような我欲を捨てる。「私」にこだわりのない人は、他人に施し、他人に優しい。これを「良し」として生きる人に、人は付いていく。武を極めれば、禅やタオに通じ、やがて「私」はなくなる。それこそが最強の兵法である。

老子 第七十六章

「身心の柔らかさを保てば自由でいられるが、それを支える硬さも必要

人の生まるるや柔弱《じゅうじゃく》にして、其《そ》の死するや堅強《けんきょう》なり。万物草木《ばんぶつそうもく》の生まるるや柔脆《じゅうぜい》にして、其の死するや枯槁《ここう》なり。故《ゆえ》に堅強なる者は死の徒《と》にして、柔弱なる者は生の徒なり。是《ここ》を以《もっ》て、兵《へい》強ければ則《すなわ》ち勝たず、木《き》強ければ則ち折《お》る。強大なるは下《しも》に処《お》り、柔弱なるは上《かみ》に処る。

生きていれば柔らかくみずみずしいが、死んでいれば硬く干からびている。若い人は柔らかくみずみずしいが、年を取ると硬く干からびてくる。柔らかいと視野が広く、身動きしやすいので、選択肢が多く、可能性にも溢れている。硬いとその逆となる。武術的にはこれを居着きという。だから、居着かないために柔らかく在り続ける。ただ一方で、地に根付いた硬い幹として、天へと伸びていく柔らかい枝葉を下から支えるのもまた、自然の役割の一つである。

老子 第七十七章

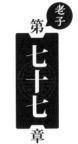

必要以上のお金や名誉を得たら、社会に返すと、心安らかでいられる

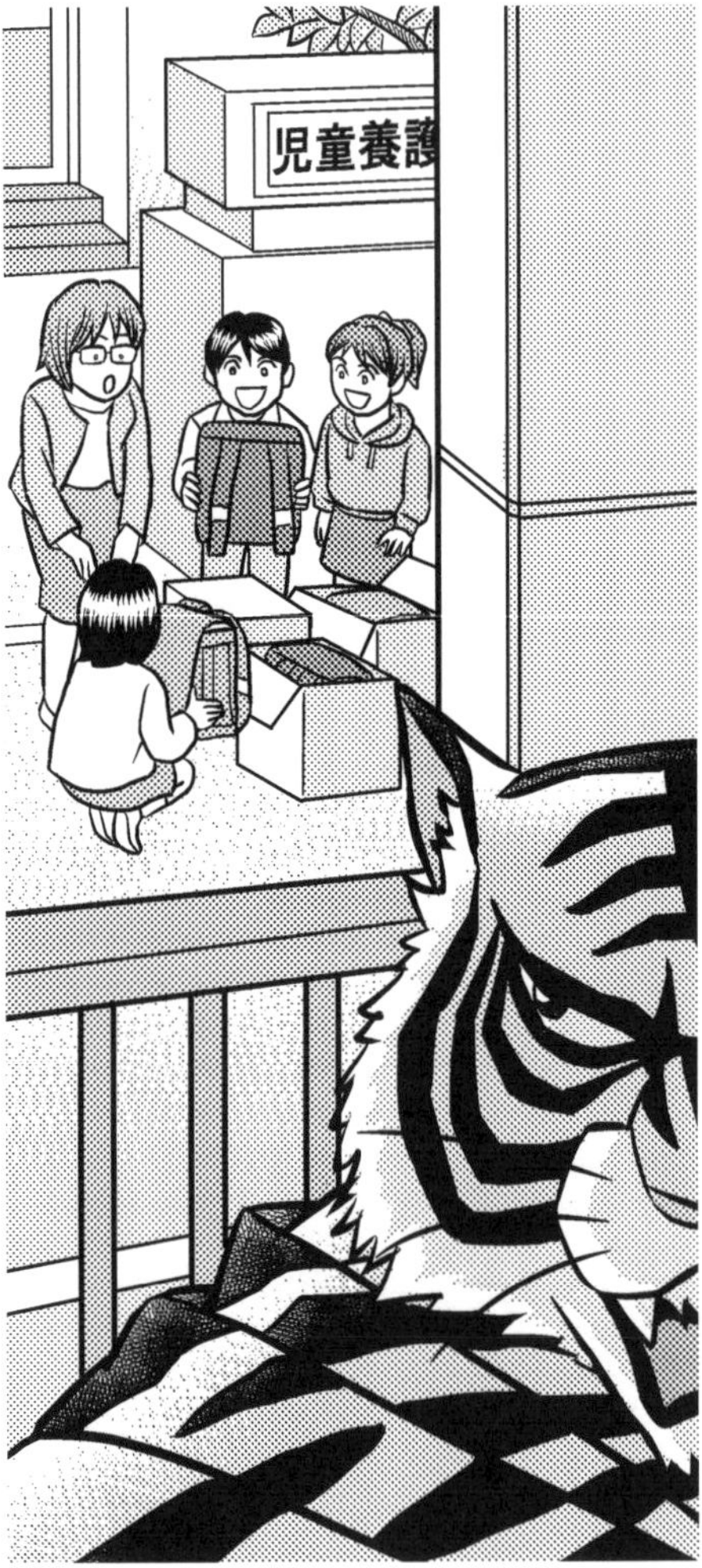

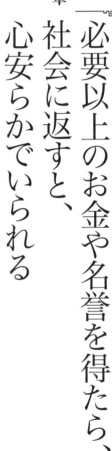

天の道は、其《そ》れ猶《な》お弓を張るがごときか。高き者は之《これ》を抑え、下《ひく》き者は之を挙《あ》げ、余《あま》り有る者は之を損《そん》じ、足らざる者は之を補《おぎな》う。天の道は、余り有るを損じて、而《しか》して足らざるを補う。人の道は則《すなわ》ち然《しか》らず、足らざるを損じて、以《もっ》て余り有るを奉《ほう》ず。孰《たれ》か能《よ》く余り有りて以て天下に奉ぜん。唯《た》だ有道者のみ。是《ここ》を以て聖人は、為《な》して而《しか》も恃《たの》まず、功成《こうな》りて而も処《お》らず、其れ賢《けん》を見《あら》わすを欲せず。

人に褒められれば誰もが嬉しい。しかし、余分に褒められる必要はない。だから、わざわざ自分を誇示することもない。力が余っているのなら、それは人や社会のために使えば良い。そうすれば、力の調和が保たれる。それがタオの働きである。だからタオに通じる武道家が力を養うのは、自分を誇示するためではなく、人や社会に資するためである。余分な報酬や尊敬を求めない。それは我欲である。我欲を捨てれば心は安らぎ、やがて世界は調和する。

老子 第七十八章

強い者にさらなる強さで対抗するのは凡人で、譲って勝つのが達人だ

天下に水より柔弱《じゅうじゃく》なるは莫《な》し。而《しか》も堅強《けんきょう》を攻《せ》むる者、之《これ》に能《よ》く勝《まさ》る莫し。其《そ》の以《もっ》て之を易《か》うるもの無きを以てなり。弱の強に勝ち、柔の剛に勝つは、天下知らざる莫きも、能く行なう莫し。是《ここ》を以て聖人云《いわ》く、国の垢《あか》を受く、是《こ》れを社稷《しゃしょく》の主《しゅ》と謂《い》い、国の不祥《ふしょう》を受く、是れを天下の王と謂う、と。正言《せいげん》は反するが若《ごと》し。

真の達人は、水や赤子のごとく振る舞う。世の中の多くの人にとって、何事も力の強いことは単純に良いとされる。剛を是《ぜ》とするそうした絶対的な価値基準に従った人は、剛に対して剛で優ろうとする。しかしその争いには際限がなく、やがて互いに疲弊し消耗する。一方で、柔を是とする水のごとき人は争いを避け、心穏やかに世界と調和する。赤子のごとく余分な我欲がないから、世間的には損を自ら引き受ける愚者《ぐしゃ》に見える。悟るとはつまりそういうことである。

老子 第七十九章

他人と比べて驕《おご》ったり悩んだりしている世界を、上空から眺めよう！

細かいことにこだわっていたなあ

大怨《たいえん》を和《わ》するも、必ず余怨《よえん》有り。安《いずく》んぞ以《もっ》て善と為《な》すべけんや。是《ここ》を以て聖人は、左契《さけい》を執《と》りて而《しか》も人を責《せ》めず。徳有るものは契を司《つかさど》り、徳無きものは徹《てつ》を司る。天道《てんどう》は親《しん》無し、常に善人に与《くみ》す。

人は損をしたくないと思う。損をしたら、その原因である他人を怨《うら》む。あるいは、自分より得をしている他人を妬《ねた》む。自分と他人を比べて損得を測り、怨んだり妬んだりする。禅である武道とは、その地平から逃れて、言わばずっと高いところから鳥瞰《ちょうかん》的に眺める視点を獲得するための道である。他者との比較に基づく、勝敗や優劣や損得という価値基準から一切逃れ、時空を俯瞰《ふかん》的に観るマインドフルな目を養う。そうすれば自ずと、天は公平であることが分かる。

老子 第八十章

「つい人は強大になることを目指してしまうが、その行く先は破綻である

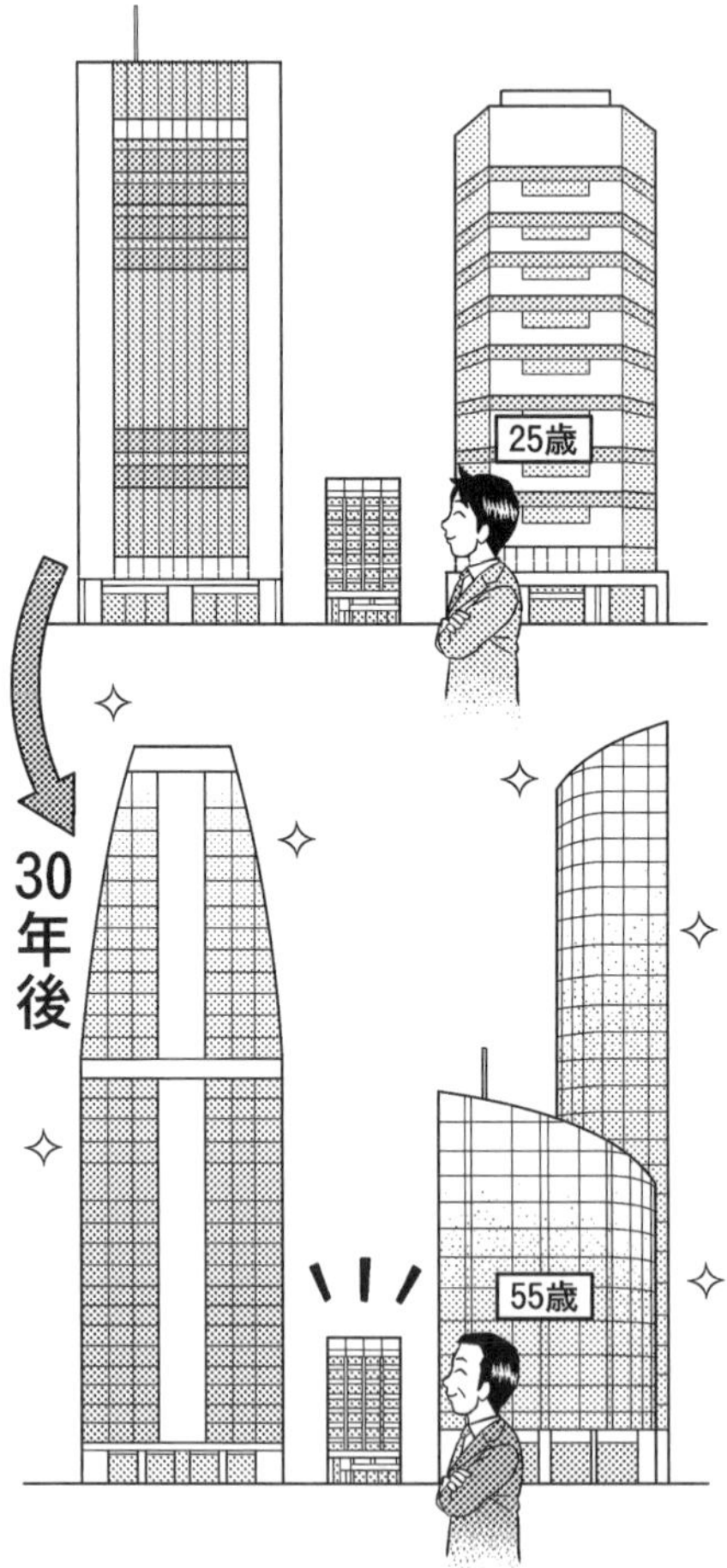

国を小さくし、民《たみ》を寡《すく》なくす。什伯《じゅうはく》の器《き》有りて而《しか》も用いざらしめ、民《たみ》をして死を重んじて而《しか》して遠く徒《うつ》らざらしめば、舟輿《しゅうよ》有りと雖《いえど》も之《これ》に乗る所無く、甲兵《こうへい》有りと雖も之を陳《つら》ぬる所無し。人をして復《ま》た縄を結んで而して之を用いしめ、其《そ》の食を甘《うま》しとし、其の服を美とし、其の居《きょ》に安んじ、其の俗を楽しましめば、隣国相《あ》い望み、鶏犬《けいけん》の声相い聞こゆるも、民は老死に至るまで、相い往来《おうらい》せず。

人間という種はつい、大きく多くなろうとする。そのほうが強いと信じているからである。発展拡大することを是《ぜ》として、増殖していこうとする。しかし、大きくなりすぎれば、全体として身動きが取りにくくなる。多くなりすぎれば、中で矛盾や争いが生まれる。そうして外交的にも内政的にも、やがて破綻する。本当の強さとはしなやかに生きながらえることだとすれば、小さく少なくまとまり、簡潔と素朴を是として、内外で争わないことこそが最強である。

老子

第八十一章

「分かりやすい強者ではなく、一見目立たない真の強者が生き残る！

信言《しんげん》は美ならず、美言《びげん》は信ならず。善なる者は弁《べん》ぜず、弁ずる者は善ならず。知る者は博《ひろ》からず、博き者は知らず。聖人は積《つ》まず。既《ことごと》く以《もっ》て人に為《ほどこ》して、已《おの》れ愈《いよ》いよ有り。既く以て人に与えて、已れ愈いよ多し。天の道は利して而《しか》も害せず、聖人の道は為《な》して而も争わず。

見た目に派手だったり、言葉が巧みであったり、いかにも賢そうだったりする人は、分かりやすいけれどもおそらく本物ではない。武を練る本物であれば、無駄を排し、簡素を極め、「私」を捨て他人や社会に与《ほどこ》す。それが損だとするならば、損するところこそ禅の境地といえる。低きところに流れる水のごとき武道家は、タオに通じているから争わない。争わないから、穏やかに生きながらえる。つまり武道とは、しなやかな愚者《ぐしゃ》となる道なのである。

著者◎湯川進太郎 Shintaro Yukawa

筑波大学人間系准教授・博士（心理学）、専門は身体心理学、感情心理学。空手道糸東流七段（稔真門師範）。つくば心身技法研究会主宰、日本マインドフルネス学会会員。主な著書・訳書に、『空手と太極拳でマインドフルネス』『空手と禅』『水のごとくあれ！』（BAB ジャパン）、『実践武術瞑想』（誠信書房）、『タオ・ストレス低減法』（北大路書房）など。

◎ **MINDFUL MARTIAL ARTS: ZEN AND TAO**
http://mindful-karateka.blogspot.com/

◎**湯川ポテンシャル。**
http://yukawa-potential.blogspot.com/

◎**つくば心身技法研究会**
http://mindfulness-meditation-martialarts.blogspot.com/

◎**糸東流空手術　稔真門**
https://jinshinmon.blogspot.com/

イラスト● 湯沢としひと
装丁・本文デザイン● やなかひでゆき

武道家が解く！ セルフコントロール、対人関係の極意書

孫子を超えた"老子"の兵法

— 戦略・戦術はもういらない

2018 年 12 月 25 日　初版第 1 刷発行

著　者　　湯川進太郎
発行者　　東口敏郎
発行所　　株式会社 BAB ジャパン
〒 151-0073 東京都渋谷区笹塚 1-30-11　4・5F
TEL　03-3469-0135　FAX　03-3469-0162
URL　http://www.bab.co.jp/
E-mail　shop@bab.co.jp
郵便振替 00140-7-116767
印刷・製本　中央精版印刷株式会社

ISBN978-4-8142-0176-1 C0010